KB217813

성 호세마리아 에스크리바

성 호세마리아 에스크리바

교회 인가 | 2020년 6월 5일 서울대교구
발 행 | 2020년 9월 29일 (1판1쇄)
        2022년 5월 25일 (1판 2쇄, POD)
저 자 | 미겔 돌즈
옮긴이 | 변승우
펴낸곳 | 재단법인 동아시아국제교류재단(EAIEF)
펴낸이 | 정진호

책임 편집 | 반유성
표지 디자인 | 김준성
편집 및 내지 디자인 | 조성은

출판사등록 | 2014.07.15(제2014-16호)
주 소 | 서울 특별시 영등포구 선유로 27 716호
전 화 | 02-785-3658
이메일 | info@eaief.or.kr
ISBN | 979-11-970578-3-0 (03230)

이 도서의 국립중앙도서관 출판예정도서목록(CIP)은 서지정보유통지원시스템 홈페이지와
국가자료공동목록시스템에서 이용할 수 있습니다.
(CIP 제어번호: 2020040949)

성 호세마리아
에스크리바

지은이 미겔 돌즈
옮긴이 변승우

EAIEF

저자 소개 미겔 돌즈 신부

미겔 돌즈 (Miguel Dolz) 신부는 1954년 스페인 출생으로 발렌시아 대학교에서 문학과 철학을 전공한 후 팜플로나 신학대학원을 졸업하였다. 이후 1982년 성 요한 바오로 2세에 의해 사제서품을 받았고, 이후 오푸스데이 성직자치단 사제로 사목하고 있다.

1987년 이후 밀라노와 로마에서 "Faes" 학교의 담당 사제로 활동하며 많은 교육과 훈련과정을 지도하였다. 2002년부터 로마 교황청 성십자가 대학의 그리스도교 미술사의 교수직을 맡고 있다.

또한 브레라의 미술 아카데미, UCAI (Unioni Cattolica di Artisti Italiani), 밀라노 대교구 교구청 등 여러 기관에서 강의를 하였다. "Avvenire", "Communio", "Studi Cattolici" 및 "Il Domenicale"의 공동 편집위원으로도 활동 중이다.

옮긴이 소개 변승우 베드로

서울대학교 독어독문학과를 졸업하고 가톨릭평화방송 보도국 기자, 가톨릭평화방송 TV PD, TV 국장 등을 역임하였다. 현재 자유기고가로 활동 중이다.

추천사

"하느님, 당신의 자애가 얼마나 존귀합니까! 사람들이 당신 날개 그늘에 피신합니다. (중략) 정녕 당신께는 생명의 샘이 있고, 당신 빛으로 저희는 빛을 봅니다"(시편 36,8,10). 삼위일체 하느님께서 '호세마리아 성인'에게 당신의 빛을 선사하셨습니다. 그로 인해 성인은 인류의 빛이신 예수 그리스도의 신비를 깊이 묵상할 수 있었습니다(요한1, 4). 하느님께서는 강생된 말씀의 신비에 대한 심오한 통찰력을 성인에게 주셨고, 이에 따라 '인간이 살아가는 현실'이야말로 그리스도 안에서 거듭난 사람의 마음속에 자리한 성화(聖化)의 배경이자 수단이 됨을 알 수 있게 하셨습니다.

2002년 10월 6일, 요한 바오로 2세 교황은 '오푸스데이'의 설립자인 호세마리아 에스크리바를 성인품에 올릴 것입니다. 저는 이날이 우리 모두의 회심을 부르는 새로운 초대의 날이 되게 해달라고 주님께 간구합니다. 성령께서 우리를 거룩하게 하셔서 우리 마음이 하느님과 우리 이웃을 더욱더 사랑할 수 있도록 말입니다.

이 책에서 저자는 새로운 성인의 특징을 강조하고, 그의 몇몇 가르침들을 우리에게 전해줍니다. 호세마리아 에스크리바 성인은 우리가 살아가는 현장(現場)에서 그리스도께서 행하시고 가르치신 그

길(사도 1, 1), 당신의 본보기와 말씀의 일치를 이루셨던 그 길을 따르도록 우리를 초대합니다. 호세마리아 성인의 삶은 우리 가정과 직업, 그리고 사회적 의무 안에서 그리스도를 찾고, 발견하고, 사랑하라는 그의 메시지를 실천에 옮기는 초대입니다. 그의 삶은 복음서처럼 유구하면서도 새로운 전망을 선사하며 우리를 애덕(愛德)과 사랑의 길로 부릅니다. 요한 바오로 2세 교황이 로마에서 열린 오푸스데이 설립자의 탄생 100주년 축하식에서 말했듯이, 우리는 하느님 아버지와의 일치 안에서 그리스도의 영(靈)이 우리 존재의 모든 영역에 영향을 미치게 하도록 지치지 않고 매진할 것입니다. 호세마리아 에스크리바가 시성될 때, 성령께서 임하셔서 그리스도 예수님 안에서 하느님 자녀 된 평화와 기쁨으로 우리를 가득 채워주시기를 최고의 전구자이신 성모님을 통해, 그리고 온 교회와의 친교 안에서 소망합니다.

+ 오푸스데이 단장 하비에르 에체바리아 주교

* 이 추천사는 오푸스데이의 제2대 단장 하비에르 에체바리아 주교가 호세마리아 에스크리바의 시성식 2002년 10월 6일을 앞두고 작성하였음.

성 호세마리아 에스크리바

머리말

성인의 삶을 불과 몇 페이지로 정의하는 것은 어려운 일이다. 어쩌면 몇 권의 책으로 풀어가더라도 쉽지 않을 것이다. 겉으로 드러나는 사실들이야 기술할 수 있겠지만, 그 거룩한 삶의 깊이를 과연 누가 헤아릴 수 있겠는가? 성인은 하느님의 사람이며, "아버지, 아버지께서 제 안에 계시고, 제가 아버지 안에 있듯이"(요한 17,21)라고 하신 예수님 말씀처럼 그는 예수 그리스도와 하나 된 영혼이었다. 바로 이것이 지금 우리가 시도하려는 작업, 호세마리아 에스크리바 성인의 삶에 다가갈 때 느끼는 감정이다.

하지만 성인은 경이로운 능력을 갖춘 슈퍼맨도 아니고, 언어로 옮기기 어려운 비범한 인물도 아니다. 그러나 우리가 다음과 같은 근본적인 가르침을 호세마리아 에스크리바 성인에게 빚지고 있다는 사실은 분명하다. **"우리 자신을 속이지 맙시다. 우리는 삶에서 활력과 승리를 얻기도 하고 우울과 패배를 맛보기도 합니다. 모든 그리스도인의 지상 순례에서, 심지어 우리가 존경하는 스승들에게도 이**

러한 일들은 항상 있게 마련입니다. 베드로와 아우구스티노, 프란치스코를 기억하지 않습니까? 마치 태어날 때부터 은총을 입은 듯 확신하며 성인들의 업적을 순진하게 늘어놓는 -성인의 명확한 가르침을 제대로 드러내지도 못하면서- 성인들의 전기를 저는 좋아한 적이 없습니다. 그렇습니다. 그리스도교 영웅들의 진정한 삶의 이야기는 우리들 자신의 체험들과 닮았습니다: 그들은 싸워서 이기기도 했고 지기도 했습니다. 그리고 다시 후회하고 삶의 전장으로 되돌아갔습니다." (그리스도께서 지나가신다, 76)

자신을 그리스도와 일치시키려는 분투는 어렵고도 진실 되며, 기쁘고도 굴하지 않는 노력이다. 하지만 이는 무엇보다도 성령께서, 사랑의 영(靈)께서 하시는 일이다. 성자 그리스도 안에서 우리를 하느님의 자녀로 만드시는 성령의 일인 것이다.

1장 그리스도인 가정 (1902년)

어린 호세마리아가 병을 얻은 시기는 겨우 두 살 때였다. 상태가 위중해서 의사도 그가 죽을 것이라고 예상했다. 힘없이 늘어진 호세마리아 주위로 에스크리바 집안 전체가 적막에 휩싸였다. 그를 구하기 위해 가능한 모든 방법을 시도했던 의사 캄포스는 결국 호세마리아의 아버지에게 이야기했다. "아이가 오늘 밤을 버티지 못할 것 같습니다."

아버지 호세 에스크리바와 아내 돌로레스 알바스는 독실한 가톨릭 신자였다. 그들은 포기하지 않고 깊은 믿음으로 아이가 낫게 해달라고 하느님께 기도했다. 어머니 돌로레스는 만약 호세마리아의 병이 낫는다면 피레네 산기슭 험지(險地)에 위치한 유서 깊은 토레시우다드 성지로 아이를 데리고 순례하겠다고 성모님께 약속했다. 다음날 아침 의사가 다시 와서 "아이가 언제쯤 죽었느냐?"고 물었다. 아이의 아버지는 기쁨에 겨워 대답했다. "죽지 않았습니다. 죽지 않았을 뿐만 아니라 완전히 회복된 것 같습니다."

1902년 1월 9일, 호세마리아는 스페인 아라곤 지역 북부의 작은 마을 바르바스트로에서 태어났다. 그의 아버지는 마을에서 널리 알려진 젊은 섬유상인(纖維商人)이었는데, 그리스도교 교리를 엄격하게 지키는 사람이었다. 그의 어머니는 가정과 두 아이, 카르멘과 호세마리아의 양육에 온전히 헌신했다. 그 뒤로 숀이란 별명을 가진 아순시온과 로리타, 로사리오가 태어났고 다시 몇 년 뒤 산티아고가 출생했다.

호세마리아는 "저는 어린 시절의 행복한 날들을 모두 기억합니다."라고 당시를 추억했다. "어머니와 아버지, 누이들과 저는 늘 함께 미사에 참례했습니다. 아버지는 우리에게 가난한 사람들을 위한 구호금을 주셨고, 우리는 그 돈을 주교관 벽에 기대 서 있던 장애인에게 전해주었습니다. 이어서 저는 우리 가족에게 줄 성수를 얻기 위해 앞서 달려가곤 했습니다. 그리고 거룩한 미사를 봉헌했고, 주일이 돌아오면 그리스도 기적 성당에서 사도신경을 바쳤습니다."

호세마리아 성인은 말했다. "가정에서 올렸던 기도들을 결코 잊을 수 없을 겁니다. 지금도 저는 매일 아침저녁으로 어머님께서 제게

토레시우다드의 성모 경당

가르치신 기도를 낭송하고 있습니다. 제가 예닐곱 살 무렵 어머니는 저를 당신의 고해사제에게 데려가셨고, 저는 기쁘게 따라갔습니다."
1912년 4월 23일, 스페인 지역의 풍습이었던 성 제오르지오 축제에서 그는 첫 영성체를 했다.

아버지 호세는 아이들을 위해 많은 시간을 쏟았다. 어린 호세마리아는 아버지가 집에 오길 조바심 내며 기다리곤 했다. 그는 사탕이 들어 있기를 기대하면서 아버지의 주머니에 자기 손을 집어넣으며 인사했다. 겨울이면 아버지는 아들을 데리고 곧잘 산책하러 나갔다. 아버지는 산책 중에 멈춰서 노점상들에게서 군밤을 샀는데, 호세마리아는 아버지의 코트 주머니에 든 군밤으로 손을 녹이며 즐거워했다.

어머니 돌로레스는 조용하지만 매우 근면한 사람이었다. **"어머니가 아무 일도 하지 않는 모습을 저는 본 적이 없습니다. 뜨개질하거나, 바느질하거나, 옷을 수선하거나, 독서를 하는 등 어머니는 언제나 바빴습니다. 저는 게으른 어머니를 본 기억이 없습니다."** 호세마리아의 어머니인 돌로레스는 특이한 사람이 아니었다. 그녀는 다른 사람들과 똑같이 친절하고 착한 그리스도인 가정의 어머니였다.

"제가 어렸을 때 정말 괴로워했던 것은 두 가지였습니다. 하나는 어머니의 친구들이 방문했을 때 그들에게 입 맞춰야만 하는 것이었고, 또 하나는 새 옷을 입는 것이었습니다. 저는 새 옷을 입으면 침대 아래로 숨어들어가 고집을 부리며 나오지 않았습니다. 그럴 때면 어머니는 항상 아버지가 쓰던 지팡이로 마룻바닥을 가볍게 몇 번 두드리곤 했습니다. 그러면 저는 지팡이가 무서워서 밖으로 나왔습니

호세마리아 성인의 부모
돌로레스 알바스(1877-1941), 호세 에스크리바(1867-1924)

다. 다른 이유는 없었고 오직 지팡이가 무서워서였습니다. 그러면서
어머니는 제게 애정을 듬뿍 담아 '호세마리아야, 부끄러워할 것은
오직 죄(罪)뿐이란다.' 라고 말씀하셨지요. 세월이 지나서 그 말씀에
담긴 깊은 뜻을 새삼 깨닫게 되었습니다."

　호세마리아는 행복한 가정에서 성장했다. 하지만 곧 슬픔이 닥쳐
왔다. 1910년 동생 로사리오가 숨진 것이다. 9개월밖에 안 된 아기
였다. 그리고 2년 뒤 로리타가 5살로 세상을 떠났고, 1년 뒤 손도 8
살에 죽었다. 이 모든 불행을 겪으며 괴로워하던 호세마리아는 어머
니에게 말했다. 당시 그는 자신의 이야기가 어머니에게 줄 고통을 알
지 못했다.

호세마리아 에스크리바 성인의 생가(生家)

"어머니. 내년에는 제 차례겠군요." 어머니는 동생들을 잃고 상처를 입은 아들을 따뜻하게 위로했다. "걱정 말아라. 나는 너를 성모님께 봉헌했으니 성모님께서 너를 돌봐주실 거야."

그즈음 아버지 호세 에스크리바의 사업은 동료 중 한 사람의 부정행위로 인해 갑자기 큰 어려움을 겪게 되었다. 그는 가족에게 이 사실을 숨기려 했지만, 결국 생활이 어려워지며 모두 알게 되었고, 그동안 가족이 저축해 두었던 돈마저 모두 날아가 버렸다. 몇 년 후 호세마리아는 가정을 힘들게 만들었던 이 사건들을 초자연적으로 설명했다. "저로 인하여 제 가족들은 큰 고초를 겪었습니다. 제가 재난을 불러온 것은 아니었습니다. 그러나 주님, 저를 치소서. 저는 못이었습니다. - 주님, 용서하소서. 못 하나를 박을 때 망치로 한 번 친다면, 여러 개의 못을 박아 만들어지는 편자는 망치를 백 번이나 맞게 됩니다. 제 아버지는 마치 구약성경에 나오는 욥처럼 느껴졌습니다. 그는 잇따라 세 딸 잃었고 전 재산마저 날렸습니다. 고통스러운 삶은 계속되었습니다."

"게다가 아버지는 병을 얻었습니다. 이제야 깨달았지만, 엄청난 불행과 걱정이 병의 원인이었습니다. 병을 앓고 난 후 아버지는 모든 역경에 앞장서 대처하였습니다. 그에게는 아직 돌봐야 할 두 아이와 아내가 남아 있었던 것입니다. 아버지는 우리에게 양질의 삶을 제공하려고 모든 굴욕을 참아내며 우리 가족을 이끌어 가기 위해 힘을 냈습니다. 그가 만약 스페인 사람들이 이야기하는 의미 그대로의 그리스도교 신자이자 신사(紳士)로 살아오지 않았더라면, 아버지는 아마 그 당시에도 편안한 마음으로 지냈을 것입니다. 제 기억에 아

동생 산티아고, 누이 카르멘과 함께

버지는 거친 행동을 한 적이 없습니다. 저는 그를 항상 조용하고 명랑한 표정을 가진 분으로 기억합니다. 아버지는 57세의 젊은 나이에 지쳐서 돌아가셨습니다. 탈진해서 죽음을 맞았지만, 아버지는 언제나 웃고 계셨습니다."

호세마리아 성인이 오푸스데이의 영성을 가르치면서 그리스도인 부모들에게 항상 그들의 가정을 밝고 즐겁게 만들라고 격려할 때, 자신의 경험을 떠올렸음이 틀림없다. 또한 성인은 결혼에 대해 "거룩한 여정이자 소명이며 개인의 거룩함과 사도직에 지대한 영향을 미친다."라고 말했다. 성화와 사도직 수행에 있어 첫 번째이자 중요한 분야가 바로 가정이라는 것이다.

"그리스도인 부부는 자신들과 다른 이들을 성화(聖化: 거룩하게 함)하도록 부르심 받았다는 사실을 알아야만 합니다. 또한 그들 스스로가 사도가 되도록 해야 하며, 그 첫 번째 사도직 수행이 그들의 가정에서 이뤄짐을 깨달아야 합니다. 가정을 이루고 아이들을 교육하며 사회 안에서 그리스도교의 영향력을 행사하는 일이 '하느님께서 주신 초자연적 과업'임을 이해해야만 합니다. 부부라는 관계 속에서의 행복은 그들이 스스로의 특별한 사명을 알고 있느냐 여부에 크게 좌우됩니다."

가정

"남편과 아내는 그들의 결혼생활을 성화(聖化)하며, 그 안에서 다시 자신들을 거룩하게 하도록 부르심 받았습니다. 만약 부부가 자신들의 영적 발전에서 가정생활을 배제한다면 그건 심각한 실수입니다. 결혼이라는 결합, 자녀들을 돌보고 교육하는 일, 가족의 필요를 채워주고 가정의 안전과 발전을 위해 노력하는 것, 공동체를 이루는 다른 사람들과의 친교 등 이 모든 것들이 인간이 처한 일상 상황에서 이뤄지며, 그리스도인 부부들은 이런 일상의 상황들을 거룩하게 만들도록 소명 받았습니다."

(그리스도께서 지나가신다, 23)

2장 눈 위의 발자국 (1917년)

1918년 1월 9일 수요일, 호세마리아는 16살이 되었다. 로그로뇨 시(市)는 폭설 속에 평화로웠지만, 기온은 섭씨 -17도를 오르내렸다. 꼭 필요한 경우가 아니면 그 누구도 외출하려 하지 않았다.

아버지 호세는 로그로뇨에서 그가 이전에 경영했던 회사와 비슷한 분야에서 영업사원으로 일자리를 얻었다. 그래서 가족들도 로그로뇨로 이사해야 했다. 바르바스트로를 떠나는 것은 10대였던 호세마리아를 비롯해서 식구 중 누구에게도 쉽지 않은 일이었다.

그 추운 겨울의 어느 날, 젊은 호세마리아는 눈(雪)을 유심히 내려다보다가 그 위에 맨발로 찍힌 발자국을 보았다. 호세마리아는 최근에 이 도시에 온 가르멜회 수사들 중 한 사람의 발자국임을 금세 알아차렸다. 그는 궁금해졌다. "만약 다른 사람들이 하느님을 위해서 이렇게 희생할 수 있다면, 나도 주님께 무언가를 해드릴 수 있지 않을까?" 그것은 평생 성인에게서 떠나지 않았던 운명적인 생각이었다.

"비록 제가 원하지 않았지만, 우리 주님께서는 참으로 무심하게 보이는 사물들을 통해 제 영혼 안에 신성한 조바심이 깃들도록 하심으로써 저를 준비시키셨습니다. 그리하여 저는 사랑에 대해, 그리고 아기 예수의 데레사 성인을 감동시켰던 너무도 인간적이고 거룩한 것들에 대해 아주 잘 이해할 수 있게 되었습니다. 데레사 성인께서 책을 읽다가 구세주의 상처 입은 손의 그림이 불현듯 그분 마음에 다가온 것처럼 말입니다. 그와 같은 일이 제게도 일어났던 것입니다. 저를 감화시켜서 매일매일의 영성체로, 정화(淨化)로, 고해로, 속죄로 이끄신 것입니다."

"저는 사랑에 대한 암시를 느끼기 시작했습니다. 저는 마음속 깊이 무엇인가 위대한 것을 갈망하고 있었고, 그것이 곧 사랑이었다는 사실을 깨달았습니다. 하느님께서 제게 무엇을 원하시는지 알 수는 없었지만, 무엇인가를 위해 내가 선택되었다는 사실은 **명백했습니다.**"

그가 무엇을 할 수 있었을까? 물론 기도였다. 그는 주님께 자신의 마음을 밝혀 달라고 간구했다. 그는 복음서에 나오는 눈먼 사람의 말을 자신의 화살기도로 사용하기 시작했다. **"주님, 제가 다시 볼 수 있게 해주십시오."** (Domine, ut videam!) (루카 18,41) 호세마리아는 평범한 고교과정을 밟아 나갔다. 학교에서 그는 우수한 성적을 받던 모범 학생이었고 건축가가 되기를 꿈꿨다. 호세마리아가 자신에게 주어진 소명을 미리 알았더라면 더할 나위 없이 좋았을 것이다. 하지만 어쨌든 그는 하느님의 부르심이 무엇이건 간에 "네." 라고 대답했다. 그리고 만약 자신이 사제가 된다면, 주어진 소명을 훨씬 잘 준비할 수 있을 것이라고 생각했다. "어느 맑은 날 저는 아버지께 사제가 되고 싶다고 말했습니다. 아버지가 눈물 흘리시는 모습을 본 것은 그때가 유일했습니다. 아버지는 아들의 장래에 대해 다른 계획을 갖고 있었지만, 아들의 뜻에 반대하지 않았습니다. 아버지는 저에게 말했습니다. '내 아들아. 신중하게 잘 생각해 보아라. 사제는 성인(聖人)이 돼야만 한다. 가정을 가지지 않는다는 것, 인생에서 사랑하는 사람을 가지지 않는 것은 정말 힘든 일이란다. 그 점에 관해 조금만 더 고민해 보아라. 하지만 나는 네 결정에 반대하지 않을 것이다.'"

아버지는 호세마리아에게 자신이 알고 있는 신부와 이야기 나누어 보라고 충고해 주었다. 그리고 그 신부는 호세마리아와 이야기한 뒤 아버지에게 그의 아들이 사제성소를 가지고 있다고 확인해주었다. 그러나 호세마리아는 고등학교를 마쳐야 했다. 아들이 건축학을 공부하겠다는 생각을 접었으므로 아버지는 그에게 법학학위를 따라고 권했다. 법학과 같은 시민사회에 필요한 학문을 신학교에서 배울 공부들과 융합할 수 있도록 하라는 충고였다. 하느님께서는 아버지의 본보기를 이용해 평생 이어질 확신을 호세마리아의 가슴에 심어 주셨던 것이다. "하느님께서 이 땅의 아버지들에게 자식을 봉헌하라고 하신다면 그것은 결코 부모에게 희생이 아닙니다. 하느님께서 부르시는 당사자들 또한 당신을 따르는 일이 희생일 수 없습니다. 오히려 그것은 엄청난 영광이며, 위대하고 거룩한 자긍심을 주는 동기인 동시에 하느님께서 주시는 사랑의 표시이자 매우 특별한 애정입니다. 이런 사랑과 애정은 특정한 시기에 하느님께서 보여주시지만, 사실은 영원으로부터 예정하신 것입니다."

제2의 그리스도, 그리스도 자신 (Alter Christus, Ipse Christus)

"그리스도를 따르는 것이 비결입니다. 그분께 더욱더 가까이 다가가 첫 열두 제자처럼 그분과 함께 살아야 하고, 그분과 동화되어야 합니다. 우리가 은총의 길에 장애물을 놓지 않는다면 우리는 곧 주 예수 그리스도를 입었다고 말할 수 있을 것입니다."

(하느님의 친구들, 299)

3장 신학교 시절 (1918년)

"세월이 흐르며 힘들고 괴로운 일들이 숱하게 일어났지만, 그에 관해 여러분께 말씀드리진 않겠습니다. 그 많은 어려움이 저에게 심각한 고통으로 다가오진 않았지만, 제가 이야기를 꺼내면 여러분이 슬퍼하실 것을 알기 때문입니다. 제게 닥쳐온 고난들은 우리 주 하느님께서 호세마리아라고 하는 나무에 내려치셨던 도끼질이었습니다. 비록 무척이나 연약한 나무였지만, 하느님께서는 도끼로 나무를 깎으셔서 당신의 사업에 쓰실 기둥을 만들고 계셨던 것입니다. 당신의 뜻을 알지 못한 채 저는 계속해서 '주님, 제게 보여 주소서, 주님, 뜻대로 하소서!' (Domine, ut videam! Domine, ut sit!) 라고 되뇌었습니다. 저는 그분께서 원하시는 바를 알지 못했지만, 계속해서 나아갔습니다. 특별한 무언가를 하지 않은 채 일상의 일들을 차분히 해 나갔습니다. 사라고사에서 지낸 시간은 그렇게 흘러갔습니다."

로그로뇨에 있는 교구 신학교에 입학해 첫 학년을 마친 뒤, 1920

년 그는 사라고사의 성 가롤로 신학교에 들어갔다. 거기서 그는 바른 인성과 몸가짐을 인정받아 솔데빌라 추기경에 의해 반장으로 지명됐다. 솔데빌라 추기경은 그로부터 얼마 지나지 않아 반종교 광신자들에 의해 살해당했다.

당시 호세마리아는 매일 가까운 대성당에 들렀다. 그 성당은 오랜 전통에 따라 '기둥의 성모님'을 모시는 곳이었다. 그는 하느님의 뜻

신학생 시절의 호세마리아 성인

외삼촌 카를로스 알바스(왼쪽)

에 따라 확실한 응답을 기다리며 성모님께 자신을 의탁했다. "반쯤 눈먼 자인 저는 항상 주님의 응답을 기다리고 있었습니다. 제가 왜 사제가 되어야 합니까? 주님께서는 무엇인가를 원하고 계십니다. 그것이 무엇인지요? 저는 라틴어로 – 라틴어를 유창하게 구사하진 당시 호세마리아는 매일 가까운 대성당에 들렀다. 그 성당은 오랜 전통에 따라 '기둥의 성모님'을 모시는 곳이었다. 그는 하느님의 뜻에

따라 확실한 응답을 기다리며 성모님께 자신을 의탁했다. "반쯤 눈 먼 자인 저는 항상 주님의 응답을 기다리고 있었습니다. 제가 왜 사제가 되어야 합니까? 주님께서는 무엇인가를 원하고 계십니다. 그것이 무엇인지요? 저는 라틴어로 – 라틴어를 유창하게 구사하진 못했지만 – 계속 되뇌었습니다. '주님, 제게 보여 주소서, 뜻대로 하소서!' (Domine, ut videam! Domine, ut sit! ut sit!) 당신께서 원하시는 것이 무엇입니까? 제가 알지 못하는 것이 무엇입니까?'"

그의 독실한 믿음은 '기둥의 성모 대성당'에서 어린아이 같은 사랑스러운 행동으로 나타났다. 그는 다음과 같이 회상했다. "어느 날 저는 성당 문이 닫힌 후에도 성전에 머물 수 있었습니다. 어느 착한 신부님이 눈감아 주신 덕분에 저는 어린이를 보호하기 위해 만든 계단 몇 개를 올라가 성모상에 가까이 다가섰습니다. 그리고 어머니 성모님의 성상(聖像)에 입을 맞췄습니다. 저는 그러한 행동이 관례적이지 않다는 것을 알고 있었습니다. 성모님의 망토에 입 맞추는 것은 어린이들이나 고위 관계자들에게만 허용되는 일이었지요. 그렇지만 저는 그때나 지금이나 확신합니다. 제가 당시 단 한 번 규칙을 무시한 것을 기둥의 성모님은 오히려 기뻐하셨으리라고 말입니다."

성모님을 향한 그의 기도는 지속적인 성체조배로 이어졌다. 그는 신학교 성당에서 많은 시간을 보냈다. 때때로 그는 감실이 내려다 보이는 위층 발코니에서 밤새도록 기도하기도 했다.

그러던 1924년 11월, 로그로뇨에서 급한 전화가 걸려왔다. 그의 아버지가 돌연 사망했다는 소식이었다. "아버지는 지쳐서 돌아가셨지만, 그래도 입가엔 여전히 미소를 머금고 계셨습니다." 크나큰 슬

(왼쪽) 기둥의 성모상

(오른쪽) 호세마리아 성인이
성모상 바닥에 새긴 소망
"Domina ut sit"
성모님, 성모님, 뜻대로 하소서
1924년 5월 24일

픔으로 가슴이 아팠지만, 또 다른 문제가 있었다. 에스크리바 집안은 이제 경제적으로 예전보다 더 어려운 상황에 직면해야 했던 것이다. 1925년 3월 28일, 그는 아버지를 애도하면서 - 신학교 성당에서 사제 서품을 받았다. 그는 기둥의 성모 대성당에서 첫 미사를 집전했다. 사랑하는 성모님의 발아래서 그렇게나 자주 기도했던 바로 그곳이었다. 그의 어머니와 누이동생, 그리고 친한 친구 몇 명이 미사에 참석했다. 미사는 아버지를 위한 위령미사를 겸해 봉헌됐다.

그 순간부터 미사는 더욱 깊숙이 그의 삶에서 중심이 되고 있었다. 미사를 통해 그는 하느님으로부터 전달되는 가장 중요한 영감을 받았다. 그는 주님께 드리는 자신의 간청을 제대 위에 쌓아놓고, 그로부터 항상 힘을 얻었다. 그는 자신의 경험을 이야기하면서 신자들에게 이렇게 조언했다. "계속 분투하십시오. 그래서 거룩한 희생제사가 실제로 여러분 내적 삶의 중심이자 뿌리가 되게 하십시오. 그러면 여러분의 하루가 온통 하느님께 대한 흠숭으로 변할 것입니다. -여러분이 참례했고, 또한 새로 준비할 미사의 연장이 될 것입니다. 더불어, 온종일이 열망 넘치는 흠숭의 실천이자 성체조배로 거듭날 것이며, 여러분의 직장 일과 가정생활도 주님께 올리는 봉헌이 될 것입니다."

호세마리아 성인이 첫 미사를 집전한 기둥의 성모 대성당

4장 가난하고 병든 이들과 함께

"만약 네가 부자라면, 그것도 엄청난 부자라면 무엇을 하고 싶니?"

호세마리아 신부의 입에서 엉뚱한 질문이 튀어나왔다. 그는 갓 사제품을 받아 페르디게라에서 첫 사목활동에 전념하고 있었다. 페르디게라는 사라고사로부터 멀지 않은 곳에 위치한 주민 8백여 명의 마을이었다. 그는 자신이 기거하는 하숙집 아들과 이야기 나누고 있었다. 하숙집 아들은 매일 염소를 치던 어린 소년이었는데, 호세마리아 신부는 저녁마다 그에게 첫 영성체 교리를 가르쳤다.

"어느 날 소년이 얼마나 많이 배웠는지 알아보기 위해 이렇게 물어야 하겠다는 생각이 들었습니다. '만약 네가 부자라면, 그것도 엄청난 부자라면 무엇을 하고 싶을까?'"

"'부자가 된다는 것은 어떤 의미일까?' 소년은 대답했습니다."

"부자가 된다는 건 돈을 많이 가지는 거죠. 은행을 가지는 거요."

"그런데 은행이 뭐죠?'라고 소년은 물었습니다."

"저는 아주 간단하게 설명하며 말을 이어갔습니다. '부자가 된다

는 것은 많은 땅을 갖는 것이고, 염소 대신에 큰 소들을 갖는 것이다. 그리고 사람들과 만나기 위해 하루에 세 번 옷을 갈아입는 것이란다. 네가 만약 부자라면 무엇을 하겠니?'"

"소년은 눈을 크게 뜨더니 이렇게 답했습니다. '와인을 넣은 스프(국)를 엄청나게 많이 먹을 거예요.'"

"우리의 모든 야망은 그와 같습니다. 진정으로 가치 있는 것은 아무것도 없습니다. 이상하게도 저는 이 이야기를 잊은 적이 없습니다. 이 이야기는 저를 일깨워 주었고, '호세마리아야. 이것은 성령께서 말씀하고 계신 것이다'라고 생각하게 하였습니다. 지상의 모든 일이 그렇게 아주, 아주 작은 것으로 귀결된다는 것을 제게 가르치기 위해 하느님께서는 당신의 지혜로 그 일을 경험하게 하신 것입니다."

그는 사제서품 후, 사흘 만에 페르디게라에 도착했다. 다급한 사정으로 자리를 비워야 하는 주임신부를 대체하기 위해서였다. 당시 페르디게라는 개발이 덜된 지역에 있던 외진 마을이었다. 도착하자 마

호세마리아 에스크리바 성인이 페르디게라에서 거처했던 집

자 그가 해야 했던 첫 번째 일은 성당 청소였고, 두 번째 일은 전례를 재정비하는 것이었다. 또한 노래미사와 성체강복, 고해와 교리 교육 등을 새로 개편했다. 주민들은 전례에 대해 무지했고 대부분 무시하는 분위기였다. 그러나 그가 온 지 얼마 지나지 않아 영성적 온도가 달라졌다. 50년 후 호세마리아 신부가 선종했을 때에 이 마을 사람들은 여전히 그와 함께 지냈던 짧은 기간을 애틋하게 기억하고 있었다.

젊은 사제였던 호세마리아 신부는 자신이 아직 모르는 또 다른 일로 하느님께서 부르고 계시다는 사실을 알고 있었다. 그는 일단 주임신부의 공석을 메워야 하는 자신의 임무를 수행한 뒤 법학 학위를 마칠 생각으로 사라고사로 돌아갔다. 그는 이 모든 일을 여느 때처럼 좋은 성적으로 마무리했다. 호세마리아 신부는 대주교의 허락을 얻어 법학박사학위 과정을 밟기 위해 마드리드로 전학했다. 당시에는 스페인 중앙대학(Spanish capital's Central University)에서만 박사과정 수학(修學)이 가능했기 때문이었다. 호세마리아 신부는 하느님께서 자신을 위해 예비하신 일이 무엇이건 간에 마드리드에서 그것을 더 쉽게 해낼 수 있으리라고는 믿지 않았다.

마드리드에 가자마자 그는 판자촌에 사는 가난한 주민들의 고통과 맞닥뜨렸다. 판자촌은 주로 시골에서 갓 상경한 이주민들을 수용했다. 그들은 제조업에서 일자리를 얻을 수 있으리라 여겼지만, 그런 약속은 신기루에 지나지 않았다. 호세마리아 신부는 라라가(街)에 위치한 수수한 사제 숙소에 거처를 정했는데, 예수 성심 사도 자매회가 후원하는 곳이었다. 사도 자매회의 수녀들은 병자들을 위한 재단과 다양한 자선사업들을 맡고 있었으며, 학교가 없는 지역에서의 교리교육, 가난한 사람들을 위한 식료품 수급, 야간학교, 빈민 진료소 등에 헌신했다. 호세마리아 신부는 곧바로 소외된 이들을 위한 봉사활동을 도왔고, 자신의 학업을 해나 가면서 이 독실한 여인들을 지원하기 위해 협력을 아끼지 않았다.

1927년부터 1931년까지 그는 병자들을 위한 단체의 지도사제로 사목하며 아픈 사람들을 위해 헌신했다. 그들은 사회로부터 버려졌을 뿐만 아니라, 가톨릭에 반대하는 이념들이 손쉽게 노리는 대상이었고, 종종 성직자들에게도 적대적이었다. 여러 해가 지나 지금은 완전히 달라진 마드리드를 방문했을 때 호세마리아 신부는 이렇게 회상했다. **"제가 25살이었을 때 저는 누구든 도움이 필요하다면 찾아가 눈물을 닦아드리고, 아이들과 노인들, 병자들에게 조금이나마 따뜻함을 드리기 위해 이 지역에 자주 찾아오곤 했습니다. 그 보답으로 엄청난 사랑을 받았지요. 그러나 가끔은 돌을 맞기도 했습니다."**

그는 예수 성심 사도 자매회가 준 정보를 바탕으로 병자와 죽어가는 이들에게 성사를 주기 위해서 도시 이곳저곳을 다녔고, 어린이들에게 고해성사를 주었다. 또한 이 지역 어린이들의 첫 영성체를 위해서 수천 명을 준비시켰다고 호세미리아 신부는 회상했다. 그는 자선활동과 교리교육을 통해 수많은 사람을 위로했는데, 긴장되고도 극적인 상황들이 많았다.

그는 자신을 향한 하느님의 계획이 이러한 방대한 자선사업과 연관되어 있지 않다는 사실을 확실히 직감했다. 그럼에도 불구하고 1928년 10월 2일, 오푸스데이 설립의 소명을 받은 후 온 마음과 영혼을 바쳐 더욱 열심히 이 자선사업에 투신했다. 가난하고 병든 사람들, 그리고 어린이들과 함께하면서 호세마리아 신부는 그날에야 비로소 하느님께서 그의 어깨 위에 올려놓으신 거대한 계획을 실행하는 데 필요한 힘을 찾았던 것이다.

훗날 호세마리아 신부는 거룩한 부름을 받은 그의 영적 아들들에게 100%의 사제, 사람들의 영혼을 섬기는 참다운 사제가 되어야 한다고 가르쳤다. **"섬긴다는 것은 한 영혼이 경험할 수 있는 최대의 기쁨이며 우리 사제들이 꼭 해야만 하는 일입니다. 우리는 때를 가리지 않고 모든 사람을 섬겨야만 합니다. 이를 이행하지 못한다면 더는 사제로서 자격이 없습니다. 사제는 젊은이와 노인, 가난한 이와 부유한 이, 병자와 어린이들을 모두 사랑해야만 합니다. 또한 사제는 미사를 잘 집전할 수 있도록 스스로 준비해야만 합니다. 자신의 양떼를 평소에도 잘 알고 양 한 마리 한 마리의 이름을 모두 기억하는 목동처럼 사제는 한 사람 한 사람의 영혼을 맞이하고 보살펴야만 합니다. 우리 사제들에겐 권리가 없습니다. 저는 기꺼이 저 자신을 모든 이들의 종이라고 생각하며, 종이라는 이름에 자부심을 느낍니다."**

그가 지칠 줄 모르고 자선활동에 몸 바치는 동안 그의 영혼은 하느님으로부터 다가오는 빛을 얼핏 본 듯했다. 그는 넘치는 열정에 사로잡혀 소리를 지르거나, 때로는 예수님께서 직접 말씀하신 열망을 큰 소리로 노래했다. **"나는 세상에 불을 지르러 왔다. 그 불이 이미 타올랐으면 얼마나 좋으랴!"** (루카 12,49)

호세마리아 성인이 말기(末期) 질환으로 고통 받는 환자들을 돌보았던 왕립 병원

5장 '오푸스데이'의 설립 (1928년)

　수호천사 기념일이었던 1928년 10월 2일, 호세마리아 신부는 그 날 들었던 성당 종소리를 결코 잊지 못할 것이다.

　10월의 첫 며칠 동안 그는 피정 중이었다. 마드리드로 이사 온 지 1년이 채 되지 않았던 그와 그의 가족들은 작은 아파트에서 함께 살고 있었는데, 호세마리아 신부가 버는 돈이 유일한 생활비였다. 그는 자신이 번 돈을 모두 털어서 가족의 생계를 유지했다. 호세마리아 신부는 가난하고 병든 이들과 함께하는 사목을 계속하면서도 개인적으로 학생들을 가르쳤고, 시쿠엔데즈 아카데미에서 교회법과 로마법 과목을 강의했다. 그러면서도 그는 법학박사학위 과정을 계속해나가고 있었다. 그가 9월 시험을 끝낸 주간(週間)은 빈첸시오회 중앙회관에서 열리는 교구 사제들을 위한 피정에 참가하기에 안성맞춤으로 보였다.

　10월 2일 미사가 끝난 후, 호세마리아 신부는 방으로 돌아와 자신의 노트를 정리하기 시작했다. 기도 중에 적어서 이미 여러 차례 묵상했던 결심과 영감들이 노트 안에 가득했다. 그런데 바로 그 노트에서 오랫동안 기다려온 하느님의 뜻을 볼 수 있었다. 그는 초자연적인 개입, 즉 하느님께서 주시는 암시에 관해 말하는 드문 경우에 한해서만, 항상 '보다'라는 동사를 사용했다: 그가 본 것은 바로 오푸스데이에 대한 이지적 현시(intellectual vision)였다. 그것은 하느님께서 그렇게 되기를 원하신 일이며, 또한 수세기에 걸쳐 계속 전해질 일이었다.

그가 본 것은 무엇이었을까? 말로 다 표현할 수는 없지만, 그는 민족과 인종, 연령과 문화를 막론하고, 모든 사람들이 그들의 평범한 삶, 그들의 일터, 그들의 가족, 그들이 맺는 친교의 한가운데에서 하느님을 발견하는 것을 보았던 것이다. 그들이 온전히 거듭나 성인(聖人)이 될 때까지 예수님을 사랑하고, 그분의 거룩한 삶을 따라 살기 위해 예수님을 찾았던 사람들, 세상 안에서 살아가고 있는 성인들…재단사 성인, 제빵사 성인, 사무원 성인, 공장 노동자 성인. 겉

빈첸시오회 사제 피정의 집. 1928년 10월 2일, 이곳에서 오푸스데이가 태동하였음

으로는 주위의 다른 사람들과 똑같아 보이지만 예수 그리스도와 깊이 하나가 된 성인. 자신의 모든 활동을 하느님께 향하게 하고 자신의 일터를 성화(聖化)하며, 또한 자기 일터에서 스스로를 성화하여 이를 통해 다른 이들을 거룩하게 만드는 사람. 자기 주변을 그리스도교화(化)하며, 따뜻하고 소박한 친교를 통해 이웃으로 하여금 예수님께 가까이 다가가도록 돕는 사람. 그리스도교 신앙을 널리 퍼뜨리는 사람들을 보았던 것이다.

그것은 압도적인 현시(顯示)였으며, 모든 이들이 세례의 부르심을 최선을 다해 한껏 살아내도록 하시는 것이었다. 또한 보통의 그리스도인들, 평신도들이 자연스럽게 하느님을 이야기하고, 모든 인간 활동의 정점에서 그리스도를 모시는 사도가 되는 길이었다. 매일매일 자신의 모든 삶을 성화(聖化)된 희생으로 봉헌함으로써 그리스도의 사제직에 가장 깊이 참여하려는 사람들을 위한 것이었다.

호세마리아 신부는 거룩함으로 나아가는 길, 교회에 봉사하는 사도직의 길을 마음속에 그렸다. 왜냐하면 이 모든 것이 교회이며, 오직 교회일 뿐이고, 교회가 아니면 아무것도 아니기 때문이었다. 하느님께서 뜻하신 바는 아주 명확했다. 모든 연령, 모든 시민 계층, 그리고 모든 환경의 사람들에게 새로운 소명의 가능성을 열어놓으라는 것이었다. 그 새로운 소명은 바로 거리 한복판에 있는 교회를 위한 것이었다. 그것은 거룩한 열매를 풍성하게 맺기를 약속하며 온 세상을 상대로 사도직을 수행하는 교회의 비전이기도 하다. 전 세계의 그리스도인들은 자신과 세상을 조금도 분리하지 않고 자신들이 살아가는 현장 안에서 사도직을 수행함으로써 세상을 새롭게 할 수 있을 것이므로, 이러한 일이 현실이 될 수 있을 것이다.

호세마리아 신부는 깊이 감동하여 무릎을 꿇었다. 천사의 모후 성모 마리아 성당의 종소리가 수호천사 기념일을 축하하며 울려 퍼졌다. **"그때 나는 26살이었고, 하느님의 은총과 선하신 마음이 제게 있었습니다. 그 외에는 아무것도 없었습니다. 그리고 저는 오푸스데이를 해야만 했습니다."**

호세마리아 신부는 오푸스데이 같은 단체가 교회 안에 이미 존재하고 있는지 신중하게 알아보기 시작했다. 그는 스페인에서 폴란드에 이르기까지 유럽 전역의 교회 단체들과 접촉하였고, 결국 그가

천사의 모후 성모 마리아 성당의 종(鐘)

하느님께 받은 메시지가 지금까지 없던 것임을 깨달았다. 그리고 하느님께서는 그에게 무엇인가 구체적이고 새로운 것을 요구하고 계셨다. 호세마리아 신부는 그래서 이 이상(理想)을 함께 나눌 수 있는 사람들로 학생, 전문가, 사제들을 모으기 시작했다. 그렇게 모인 사람들 중 한 명은 호세마리아 신부에 대해, 자신의 한평생을 하느님의 계획을 이루는 데 헌신하겠다고 결심한 영감(靈感) 넘치는 신부로 기억했다.

"과연 이 일이 가능하다고 보십니까?"라는 물음에 대해 호세마리아 신부는 대답했다. **"이것 봐, 이건 내가 생각해낸 게 아니야. 하느님께서 내려주신 일이라고."**

하느님이 원하시는 것과 한 개인이 할 수 있는 것 사이의 큰 차이를 깨달았기에 그는 자신이 아는 모든 사람에게 기도를 요청했다. 유일한 해결책은 그 자신부터 진정으로 거룩해지는 것이었다. 그렇게 되기를 그는 진심으로 간구했다. 어느 날 예수 성심 사도 자매회 수녀 중 한 명이 생의 마지막 순간을 맞이하고 있었다. 지도 신부였던 그는 수녀에게 다녀와서 일기장에 이렇게 썼다.

"미리 그런 생각을 했던 것은 아니었지만, 그녀에게 부탁해야 할 일이 떠올라서 말했습니다. '메르세데스, 하늘에 계신 우리 주님께 청해주세요. 만약 제가 선하고 거룩한 신부가 될 수 없다면, 가능한 한 빨리 젊었을 때 저를 데려가 달라고 부탁해 주세요.'나중에 저는 두 명의 평신도와 한 명의 젊은 여성, 그리고 한 소년에게도 같은 부탁을 했습니다. 그랬더니 그들은 날마다, 그리고 영성체 때마다 저를 위해 선하신 예수님께 이 기도를 해주었습니다."

처음에 그는 오푸스데이라는 이상(理想)을 남성들에게만 퍼뜨려야 한다고 생각했다. 가톨릭 기관들이 남성 또는 여성 기관으로 나

오푸스데이의 첫 회원들인 후안 히메네즈 바르가스와
리카르도 페르난데즈 발레스핀과 함께한 사진

뉜 것은 당시로서는 당연했기 때문이다. 그러나 하느님은 항상 결정
적인 말씀을 가지고 계시는 법이다. 1930년 2월 14일, 호세마리아
신부는 미사 집전 중에 하느님께서 자신에게 원하시는 더욱 심오한
것을 보았다. 하느님께서는 '당신이 주신 일'이 여성들 사이에서도

그 사도직을 발전시키기를 바라셨던 것이다. 여성들의 활동을 통해 나타나게 될 성과는 이루 헤아릴 수 없을 만큼 많을 것이 분명했다. 그 이유에 대해 오푸스데이 설립자인 호세마리아 신부는 다음과 같이 말했다. **"여성들은 그들만이 가지고 있고, 그들만이 줄 수 있는 장점들을 가정과 사회, 그리고 교회에 선사하도록 부르심 받았습니다. 그들의 부드러운 따뜻함, 한없는 관대함, 섬세한 것들에 대한 애정, 재빠른 지혜와 직관, 그리고 소박하면서도 깊은 경건함과 굳센 의지가 바로 그것입니다."** 여성들의 역할은 그들의 여성성을 통해 하느님을 세상으로 모셔오는 것이었다.

호세마리아 신부는 항상 그랬던 것처럼 하느님의 뜻이 이루어질 것으로 확신하면서 계속 꿈을 꾸었다. 평범한 그리스도인들은 예수님을 세상의 가장 중심에 모시고자 한다. 하느님께서는 호세마리아의 영혼에 당신 자신을 거듭 드러내심으로써 이 초자연적인 희망을 결국 확신시켜 주신 것이었다. 1931년 8월 7일, 그러한 방문이 이루어졌다. 당시 호세마리아 신부는 미사를 집전하고 있었다.

"저는 그때 하느님의 뜻을, 하느님께서 부여하신 일을 완수하기 위해 평생을 바치겠다는 각오를 새롭게 다졌다고 생각합니다. 당장 제 모든 것을 다시금 새롭게 하겠다고 결심한 것입니다. 영성체 시간이 다가왔습니다. 제가 성체를 높이 들어 올린 바로 그 순간을 확실히 기억하고 있습니다. 저는 마음속 깊이 자비와 사랑의 하느님께 봉헌하고 있었으므로 매우 집중한 상태였습니다. 그때 비상한 힘을 느꼈고 놀랍도록 명료하게 제 마음 깊숙이 성경 말씀이 떠올랐습니다. '나는 땅에서 들어올려지면 모든 것들을 나에게 이끌어 들일 것이

다.'(요한 12,32). 초자연적인 체험 앞에서 보통 그러하듯 저도 두려움을 느꼈습니다. 나중에 '나다. 두려워하지 마라.'라는 말씀이 다가왔습니다. 그리고 그리스도의 가르침으로 모든 인간 활동의 정점에까지 십자가를 들어올릴 하느님의 자녀들이 있으리라는 사실을 이해했습니다. 저는 모든 것을 당신께로 이끌어 가시는 우리 주님의 승리를 보았습니다."

"저는 솔직하게 덕과 지식이 모자란다고 느낍니다. 그럼에도 불구하고 저는 '불(火)의 책'을 쓰고 싶습니다. 타오르는 불꽃처럼 세계를 가로질러 질주할 책 말입니다. 저는 사람들이 그 책의 빛과 열기에 휩싸여 그들의 가난한 마음을 붉고 뜨거운 석탄으로 바꾸도록 하고 싶습니다. 당신 왕관의 보석으로 예수님께 봉헌될 붉은 석탄 말입니다."

평범한 삶 속의 성인(聖人)

"'오푸스데이'를 시작한 1928년 이후 저는, 하느님께서 주님의 삶 전체가 그리스도인들을 위한 본보기가 되기를 바라셨다는 것을 확실히 이해하게 됐습니다. 특히 그분이 평범한 사람들과 더불어 지내신 그 숨겨진 세월을 통해 이러한 사실을 분명히 알게 됐습니다. 우리 주님께서는 많은 사람들이 조용하고 평범한 생활 속에서 자신들의 성소를 인정하길 원하십니다. 하느님께 순종하려면 당연히 우리의 이기심을 버려야 합니다. 하지만 그렇다고 해서 우리 자신을 일상의 삶으로부터 분리시킬 이유는 없습니다. 일상의 삶을 사는 평범한 우리들은 누구나 나름의 계층과 일, 사회적 지위를 가지고 있습니다.

저는 수많은 하느님의 자녀들이 평범한 시민으로서의 자신을 거룩하게 하는 꿈을, 그들의 동료와 친구들과 더불어 열망과 노력을 나누는 꿈을 꿉니다. 그리고 그 꿈은 이뤄졌습니다. 저는 그들에게 이 거룩한 진실에 관해 소리쳐 얘기하고 싶습니다. 여러분이 지극히 평범한 삶을 살아가고 있다 하더라도 그것이 그리스도께서 여러분을 잊었다거나, 여러분을 부르신 적이 없음을 뜻하는 것은 아니라고 말입니다. 그리스도께서는 세상의 활동과 관심 속에서 살아가도록 여러분을 초대하신 것입니다. 그분은 여러분의 직업과 직종, 재능이 하느님의 거룩한 계획으로부터 결코 벗어나 있지 않은 것임을 알기를 바라십니다. 그리스도께서는 그것들을 성화하셔서 당신 아버지께 드리는 가장 기쁜 봉헌으로 만드셨습니다."
(그리스도께서 지나가신다, 20)

(그리스도께서 지나가신다, 20)

호세마리아 성인의 육필(肉筆) "세상 한 가운데서 관상(觀想)하는 영혼들"

6장 첫 번째 해 (1930~1933년)

'하느님의 일'은 실로 엄청난 사업이었다. 젊은 신부는 경제적 재원(財源)도, 조력자도, 후원처도 없었다. 전통사회로부터의 지지도, 교회의 승인도 받지 못했다. 비록 오푸스데이의 기본적 비전은 그 자체로 간단하고도 명료했지만, 그가 설립하려고 하는 기관은 쉽게 이해될 수 없을 것이기 때문이었다. 하느님께서 주신 과업이라는 낙관과 자신감이 충분했지만, 실제로 셀 수 없이 많은 난관이 엄존했다.

이 프로젝트가 당신의 일임을 확신하도록 하기 위해, 하느님께서는 이 계획의 영성적 체계와 그 안에서 일할 사람들 모두에게 필요한 견고한 기반을 놓아주셨다. 이를 통해 당신의 현존하심을 여러 차례 실감하도록 해 주셨다. 1931년 10월 중순, 호세마리아 신부는 전차(電車) 안에서 고귀한 기도문을 선물 받았다. **"저는 하느님께서 행동하심을 느꼈습니다. 무언가 절실하면서도 필연적인 힘에 인도되어 제 마음과 제 입술에서 '아빠! 아버지!'(Abba! pater!)라는 감미**

로운 기도가 흘러나오고 있었습니다."

"아마도 제가 큰 소리로 기도했던 것 같습니다. 그리고 저는 마드리드 거리를 약 한 시간, 혹은 두 시간 정도 걸었습니다. 말로 표현할 수가 없을 정도로 모든 시간이 저도 모르게 흘러갔습니다. 사람들은 틀림없이 제가 미쳤다고 생각했을 겁니다. 알 수 없는 빛과 함께 저는 놀라운 진실에 관해 묵상하고 있었습니다. 그것은 마치 제 영혼 안에서 타올라 절대로 꺼지지 않는 불붙은 석탄 같았습니다."

어린아이와 같은 믿음이 이미 그의 영적 삶의 특징으로 자리 잡고 있었다. 이제 그는 자신이 예수 그리스도 안에서 하느님의 자녀가 된 신비를 놀랍도록 깊이 이해하게 되었다. "하느님의 자녀됨이 우리 영성의 기본적 특성이어야 한다는 것을 저는 그때야 깨달았습니다. 그러기에 '아빠! 아버지!'(Abba! pater!)라고 외치는 것입니다. 하느님의 자녀 된 삶을 살아감으로써 당신 자녀들은 기쁨과 평화로 충만할 것이며, 무적(無敵)의 성벽으로 보호받을 것을 알게 되었던 것입니다. 그리하여 하느님 자녀가 된 이들은 기쁨의 사도가 될 것이며, 자신 혹은 타인의 고통에 직면했을 때에도 서로의 평화를 더불어 나눌 것을 알았습니다. 왜냐하면 우리는 하느님께서 우리의 아버지이심을 확신하기 때문입니다."

그는 계속해서 병자와 가난한 이들을 돌보며, 하느님께 바치는 그들의 기도와 고통 안에서 거룩한 열망을 이끌어줄 용기를 찾고 있었다. 호세마리아 신부의 동료였던 호세마리아 소모아노 신부는 그와 함께 불치병에 걸린 이들을 뒷바라지했던 사람 중 한 명인데, 오푸스데이를 위해 평생 헌신했다. 결핵을 앓았던 젊은 여성 마리아 이

**마리아 이냐시아
가르시아 에스코바르**

냐시아 가르시아 에스코바르 하느님의 일에 자신의 생명을 봉헌한 뒤 얼마 후 선종했다.

호세마리아 신부는 1933년까지 한 무리의 대학생들을 모았다. 그는 할 수 있는 한 어디에서든 그들을 만났고, 그리스도의 열정적 사랑을 키워가도록 그들을 격려했다. 호세마리아 신부는 그들과 함께 산책하러 나가 엘 소타니요라고 불리는 카페에 자주 들르곤 했다. 거기서 그는 핫초코를 마시며 세상 안에서의 사도직의 꿈을 드러내 보였다. 그는 대학생들에게 우리 주님의 삶과 수난에 관한 책을 읽고 묵상할 것을 충고했고, 실제로 그런 책을 쓰는 일에 전념하였다.

"+마드리드, 1933년 5월 29일... 그대가 그리스도를 찾게 되기를... 그대가 그리스도를 만나게 되기를... 그대가 그리스도를 사랑하게 되기를..." (길, 382)

호세마리아 신부는 자신과 함께 가난하고 아픈 사람들을 찾아가 봉사활동에 힘을 보태도록 학생들을 초대했다. 그는 학생들이 가난한 사람들을 돕도록 이끄는 방법으로 도시 변두리 빈민가에 교리교육 과정을 개설했다.

드디어 더욱 체계적인 방법으로 오푸스데이의 정신을 전파할 양성과정이 시작되는 순간이 왔다. 수녀들이 운영하는 쉼터에서 열린 첫 만남에 많은 사람이 초대되었다. 그러나 찾아온 사람은 단 세 명

뿐이었다. 하지만 호세마리아 신부는 이에 만족했다. 그는 성체강복을 위해 그들을 성당으로 데려갔다. **"제가 그 세 사람을 축복했을 때 저는 삼백, 삼십만, 삼천만, 삼십억 명을 보았습니다...희고, 검고, 노란, 모든 피부색의 사람들...인간의 사랑이 만들어낼 수 있는 모든 조합을 보았습니다. 비록 지금은 적은 수이지만...우리 주님께서는 거칠기 짝이 없는 제 꿈보다 훨씬 너그러우심을 알게 되었습니다."**

1930년, 젊은 엔지니어인 이시도로 소르사노가 오푸스데이에 입회하기를 요청했다. 그는 로그로뇨에서 호세마리아 신부와 학교를 같이 다녔던 동기생이었다. 다른 사람들도 그의 뒤를 따랐다. 오푸스데이의 설립자인 호세마리아 신부는 이 사업에 일치감을 줌과 동

엘 소타니요, 호세마리아 성인이 때때로 젊은이들과 만나 하느님에 관해 이야기를 나누었던 카페

시에 눈에 드러나게 할 수 있는 양성교육 장소가 시급히 필요하다고 느꼈다. 그가 염두에 두었던 사도직의 도구는 그리스도교 정신이 깃들어 있는 시민단체였을 것이다. 그리하여 1933년 'DYA 아카데미'가 출범했다. 여기서 법률학과 건축학에 대한 보충교육이 시행되었다. 교육 장소는 어느 아파트였는데, 문 앞에 DYA라는 세 글자가 새겨진 명판(名板)이 걸려 있었다. DYA는 '법률과 건축 (Derecho y Arquitectura)'의 스페인어 첫 철자들을 모은 두문자어(頭文字言)

였다. 그러나 호세마리아와 학생들에게는 그 이상의 깊은 의미가 있었다. 그들은 DYA를 '하느님과 용감함(Dios y audacia)'이라는 의미로 받아들였다. DYA는 저예산으로 운영됐기 때문에 용감하다는 말이 결코 틀린 것만은 아니었다.

사실 DYA는 교육목적 이상의 것을 추구했다. DYA는 영적지도를 받을 수 있는 대학생들을 그리스도인으로 양성하기 위한 곳이자, 전적으로 그리스도와의 개인적 일치를 목표로 하는 교육기관이었다.

DYA 아카데미 학생들과
함께한 호세마리아 성인

53

거실 벽에는 검은 나무 십자가가 걸려 있었다. 누군가 그 의미를 물으면 호세마리아 신부는 이렇게 설명했다. **"이 십자가는 비어 있는 자리에 매달릴 사람을 기다리고 있습니다. 그 사람은 여러분이어야만 합니다."**

다음 학기가 되자 호세마리아 신부는 새로운 도약을 하길 원했다. 몇몇 학생들에게 주거(住居)를 제공할 수 있는 더 큰 공간으로 이사하는 것이었다. 인간적인 관점에서 말하자면, DYA의 재정(財政) 전망은 암울하기만 했다. 그는 모든 사람에게 기도하게 했다. 그리고 그 일을 하느님께 의탁했다. 이윽고 학기 초가 되자 그들은 이미 페라즈가(街)에 있는 새로운 'DYA 아카데미 숙소'에서 일하고 있었다. 결코 기적이 아니었다. 많은 고통과 기도, 깊은 믿음이 함께한 결과였다. 호세마리아 신부는 기도했다. **"모든 영광을 하느님께!"** (Deo omnis gloria!)

1934년 12월, 호세마리아 신부는 성 엘리사벳 재단의 지도신부로 임명되었다. 이 재단에는 알론소 데 오로스코 성인이 세운 수녀원이 속해 있었다. 아우구스티노회 수녀들이 이 수도원 소속이었는데, 호세마리아 신부는 이미 이들의 지도신부 역할도 맡고 있었다.

지도신부 자격으로 몇 년 동안 그는 기초적인 문서들을 작성해 나갔다. 그것은 다음 세대들을 맞이하는 오푸스데이에 적합한 사도직 영성과 그 수행 방법을 상세하게 기술한 지시사항, 그리고 긴 서한들이었다. 그 내용 중 하나를 예로 들면 다음과 같다. **"하느님의 사업은 그분의 뜻을 성취하기 위해 주어진 것입니다. 하느님께서 당신의 일이 이뤄지기를 바라고 계시다는 것을 믿으십시오. 우리 주 하느님께서 인간의 선익을 위해 어떤 일을 계획하실 때, 그분은 가장 먼저 당신의 도구로 쓸 사람들을 생각하시고, 그들에게 필요한 은총을 베푸십니다. 이 사업의 신성(神性)에 대한 이 같은 초자연적인 확신은 궁극적으로 여러분에게 그 일을 수행하기 위한 강한 열정과 사랑을 줄 것입니다. 그리하여 여러분은 이 사업을 완수하기 위해서 여러분 자신을 희생하는 것을 기쁘게 여길 것입니다."**

1934년, '영적 성찰'이라는 이름으로 그의 묵상집이 출간되었다. 이 묵상집은 몇 년 후 일부 내용이 추가되고 새롭게 편집되어 '길'이라는 제목으로 다시 소개되었다. 이 책은 젊은이들, 학생과 노동자들이 그리스도인으로 사는 삶을 새롭게 하고 진정으로 관상(觀想)하는 삶으로 그들을 이끄는 것을 목표로 삼았다.

1935년 7월, 뛰어난 재능을 가진 공학도 알바로 델 포르티요가 오푸스데이에 입회를 요청했다. 그는 호세마리아 성인의 가장 가까운 협력자이자, 성인이 선종한 후 오푸스데이를 이끌게 된 인물이었다.

한편, 당시 스페인은 일련의 위기상황을 겪고 있었다. 극단주의자들에 의한 종교 박해는 더욱 대담하고 폭력적으로 변질하였다. 교회와 수도원이 불탔고 성직자와 수도자들이 살해되었다.

삶의 일치

"일과 수덕(修德), 그리고 관상(觀想)을 하나로 일치시키는 것은 불가능해 보일 수 있습니다. 그러나 세상이 하느님과 화해하기 위해 반드시 필요한 일입니다. 이를 위한 매일매일의 노력은 개인의 성화와 사도직 수행의 수단이 될 것입니다. 이것이야말로 목숨을 바칠만한 가치가 있는 고귀하고 웅대한 이상이 아니겠습니까?"

(오푸스데이의 교회법적 여정, 37)

호세마리아 성인과 알바로 델 포르티요

7장 내전(內戰) (1936~1937)

　　1936년 8월 30일, 스페인은 한 달 이상 두 진영으로 나뉘어 동족 상잔의 전쟁을 계속하고 있었다. 호세마리아 신부도 다른 많은 성직자처럼 위험에 처했다. 그는 한 은신처에서 다른 은신처로 옮겨 다녔다. 민병대는 그와 비슷하게 생긴 남자를 호세마리아 신부의 어머니 집 앞에 매달았다. 그들은 그 남자가 호세마리아 신부라고 생각했다. 그때 호세마리아 신부는 친구들의 집에 은신해 있었다. 오푸스데이의 최초 구성원 중 한 명인 후안과, 불과 이틀 전에 만나 알게 된 한 젊은이와 함께였다. 오후 2시쯤 적을 수색하기 위해 혈안이 되어 마을을 휩쓸고 다니던 한 무리의 병사들이 벨을 눌렀다. 가톨릭 신자, 그 가운데서도 신부와 수도자들이 색출의 대상이었다. 벨소리에 답하는 나이 든 가정부의 목소리는 온 집안에 들릴 만큼 충분히 컸다. **"아! 수색하러 오셨군요? 집주인은 지금 여기 없지만, 들어와서 편히 쉬세요!"**

그 집에 숨어 있던 호세마리아 신부를 포함한 세 명의 손님들은 뒷계단을 뛰어올라가 다락방에 피신하였다. 방은 좁고 천장이 낮았으며 그을음이 가득했지만, 환기가 전혀 되지 않았다. 그들은 낡은 가구 뒤에 웅크려 숨었다. 시간은 침묵 속에 끝을 모르는 듯 더디게 흘러갔다. 열기가 올라 더는 견디기 어려워지고 있었다. 그때 그들은 군인들이 다가오는 소리를 들었다. 수색작업은 막바지에 이르렀고, 그들은 꼭대기층에 올라와 옆방으로 들어갔다. 호세마리아 신부는 두 명의 젊은이들에게 속삭였다. **"우린 궁지에 몰렸어. 내가 사죄경(赦罪經)을 기도할 테니, 너희는 통회의 기도를 올려라."**

그리고 그는 젊은이들이 고백한 죄를 용서했다. 후안이 그에게 물었다. "신부님, 만약 그들이 우리를 죽인다면 어떡하죠?"

신부가 즉시 대답했다. **"아들아. 뭐가 문제니! 우리는 곧바로 천국에 갈 텐데."**

신부의 생각에 큰 위안을 받은 후안은 잠이 들었다. 나머지 두 사람은 옆방에서 수색하는 소리를 계속 들었다. 이제 그들이 숨어 있는 곳을 뒤질 차례였다.

그런데 상황이 달라졌다. 군인들은 그들이 숨어 있는 방을 뒤지지 않고 계단을 내려가서 사라졌다. 도망자들은 안도의 한숨을 내쉬었지만, 아파트 정문이 닫히는 저녁 9시까지 숨어 있었다. 그들은 온통 땀에 젖었고 탈수 증세를 보였으며 온몸이 더러웠다. 젊은이 중 한 명이 아파트 아래로 내려갔다.

"제발, 물 한 잔만 주시겠습니까?"

가정부는 깜짝 놀라며 얼른 안으로 그를 들였다.

"위층에 두 사람이 더 있습니다."

"그럼, 당장 내려오라고 하세요!"

다행히 그들은 몸을 씻고 새 옷으로 갈아입을 수 있었다. 호세마리아 신부는 미소 지으며 이 사건에서 얻은 교훈을 이야기했다.

"나는 지금까지 살아오면서 물 한 잔의 소중함을 이제야 알게되었어!"

그들은 가정부 아주머니가 베풀어준 환대를 감사히 받아들였다. 다음날이 되어서도 군인들은 계속해서 건물을 뒤졌다. 그들은 자주 이런저런 일로 도움을 청하며 문을 두드렸다. 그때마다 가정부 아주머니는 두려움에 온몸을 떨었다. 그녀는 묵주기도를 하자고 제안했고, 호세마리아 신부는 그녀의 제안을 흔쾌히 받아들였다. 그는 자신의 정체를 숨기지 않았다.

"제가 인도하겠습니다. 저는 신부입니다."

또 하루가 지난 뒤 호세마리아 신부는 집주인들에게 감사 인사를 전했다. 하지만 그들에게 위험이 되지 않기 위해서 자신들의 처지와 타협하지 않고 당장 떠나겠다고 말했다. 그들은 또다시 필사적으로 다른 피난처를 찾아 나섰다. 그러다 찾은 마지막 피난처보다 더 안전한 곳은 없었다.

전쟁이 발발하면서 오푸스데이의 몇 안 되는 구성원들은 뿔뿔이 흩어져야만 했다. 호세마리아 신부는 계속 새로운 피신처로 옮겨 다니고 있었는데 항상 위험이 뒤따랐다. 그는 영웅적인 용기를 발휘해 사제로서의 신분에 어울리지 않았던 피신처 몇 곳을 거절하기도 했다. 때로는 가장 안전한 장소가 길거리일 때도 있었다. 그는 거리에서 군중과 뒤섞여 아침부터 밤까지 걷기도 했다. 그는 이런 와중에도 가능할 때마다 미사를 계속 집전했다. 또한 그가 접촉할 수 있었던 오푸스데이의 구성원들은 물론이고, 그 밖의 여러 사람에게 사제로서 계속 도움을 주었다. 아울러 예상 밖의 장소에서 잇따라 약속을 잡아 피정 강론을 했다. 그동안에 순교한 사제들, 그의 친구들의 소식이 전해졌다.

호세마리아 신부는 몇 달간 정신병원을 임시 피신처로 삼았다. 그는 병원 책임자였던 쉴스 선생과 말을 맞추고 정신병자 행세를 했다. 얼마 후 그는 마침내 몇몇 동료들과 함께 온두라스 영사관에 들어갈 수 있게 되었다. 영사관의 외교적 지위 덕분에 약간의 안전을 보장받을 수 있었다. 내전 당시 외국 영사관 같은 곳들은 피난민들로 늘 가득 찼고 식품은 부족했으며, 암울한 분위기 속에서 항상 긴장감이 팽팽했다. 호세마리아 신부는 그를 따르는 젊은이들을 위해 계속해서 교육계획을 짜고 젊은이들이 공부에 시간을 쏟도록 했으며, 그들에게 강론했다. 심지어 그는 작은 책상 안에 성체를 모시기도 했다. 온두라스 영사관에서 그의 가장 큰 기쁨은 미사를 매일 집전할 수 있다는 것이었다. 아르헨티나 시민권자여서 자유롭게 나다닐 수 있었던 엔지니어 이시도로 소르사노는 영사관 밖 사람들과의 연락을 맡았다.

'이 전쟁은 언제까지 계속될 것인가?' '언제 박해가 끝날까?', '오푸스데이의 확장을 시도하지도 못한 채 얼마나 오랫동안 이런 상황에 갇혀 있을 수 있을까?' 호세마리아 신부는 계속 고민했고 그를 따라온 젊은이들과 상의했다. 정상적인 그리스도교 신앙생활이 가능한 스페인의 다른 지역으로 가는 일이 절실했다. 비록 성공을 보장할 수는 없지만, 실행에 옮길 수 있는 유일한 방법은 피레네 산맥을 넘어 프랑스를 거쳐서 그곳에 가는 것이었다. 이때가 1937년 9월이었다.

누구나 그와 같은 상황에 처했다면 스스로에게 의문을 제기하였을 것이다. '명백히 하느님의 일인 이 계획을 이뤄가고 있는데 왜 이렇게 많은 어려움이 앞을 가로막는 것인가?', '왜 하느님께서는 이런 장애물들을 허락하시는 걸까?' 그러나 어린 시절부터 깊은 슬픔을 겪으면서 쓰라림을 삼키는 법을 배워온 젊은 신부는 이미 십자가의 과학에 대해 잘 알고 있었다. 그것은 고통의 여정을 헤매며 체념하는 것이 아니라, 오히려 깊이 그 여정을 이해하는 것이었다. 왜냐하면 그리스도께서 승리하셔서 우리를 구원하신 것이 다름 아닌 십자가 위였기 때문이다. 그는 스스로 겪어낸 모든 삶에 대해 확신했다. 그래서 자기 자신에게 이렇게 글을 썼다. **"네가 성 십자가 현양 축일 전례를 집전할 때 너는 가장 간절한 마음으로 우리 주님께 간구했다. 네 영혼의 힘으로, 네 감각으로 거룩한 십자가를 현양할 수 있는 은총을 달라고 말이다. 너는 새로운 삶을 주님께 간청했다. 네 삶 위에 십자가가 세워지기를, 네게 맡겨진 사명의 진리를 확인하기를, 너의 존재 전체가 십자가 위에서 쉴 수 있기를 간청한 것이다!"**

하지만 내전의 영향을 받지 않는 곳으로 떠나는 일은 오푸스데이의 설립자에게도 쉬운 결정이 아니었다. 그를 따르는 사람들 중 몇 명과 그의 어머니, 그리고 누이들을 전쟁이 한창인 마드리드에 남겨두고 떠나야 한다는 생각에 그는 괴로웠다. 그럼에도 불구하고 호세마리아 신부는 사도직을 계속 수행해야만 하는 절박함을 느꼈다. 그 사도직은 하느님께서 주신 것임을 잘 알고 있었기 때문이다. 좋든 나쁘든 내전이 벌어지고 있는 전선의 반대편에 있어야만 하느님의 일을 할 수 있었다.

El Padre
en los montes de Rialp

피레네 산맥을 넘어 피신하면서 그린 호세마리아 성인의 스케치

1937년 10월 10일, 급조된 서류를 들고 그는 바르셀로나에 도착했다. 바르셀로나는 난민들의 호송대가 떠나는 도시였다. 필요할 경우 그들은 산악인이나 밀수업자들의 안내를 받았다. 호세마리아 신부 일행은 호송대가 준비될 때까지 허기를 참으며 거의 무일푼으로 한 달 정도 대기해야만 했다.

그들은 걸어서 산을 오르고 수많은 골짜기를 넘었다. 늦가을 추위에 아무런 장비도 없이 밤에는 걷고 낮에는 몸을 숨겼다. 몇 달간의 궁핍이 육신을 허약하게 만들었고, 발각돼 사살될 위험이 항상 뒤따랐다. 이렇게 산을 넘는다는 것은 모든 사람에게, 특히 너무나 오래 계속된 비인간적인 전쟁 때문에 이미 고초를 겪었던 사람들에겐 무리한 요구였다. 탈출의 길은 끝이 없었고 거칠기만 했다. 때때로 몇몇 지역에서는 안내자의 지시에 따라 앞으로 나아가지 못하고 며칠씩 기다리기도 했다. 호세마리아 신부는 곧바로 자신이 신부라고 소개했고, 상황이 허락할 때마다 미사를 집전했다. 마지막 미사는 동굴 속 피신처에서 바위 제단 앞에 무릎을 꿇고 봉헌됐는데, 미사에 함께한 모든 사람을 감동시켰다. 당시 참석자 중 한 명은 이렇게 기술했다. "오늘 같은 미사에 참석해 본 적이 없습니다. 우리가 처한 사정 때문에 감동을 하였는지, 그 신부님이 성인(聖人)이라서 그랬는지 잘 모르겠네요."

　12월 2일, 천만다행으로 그들은 스페인 북동부의 자치시인 안도라 국경을 넘을 수 있었다. 그들은 매우 지쳐 있었지만 이제 안심할 수 있었다. 하지만 심한 눈보라가 며칠 동안 안도라에서 그들을 오도 가도 못하게 했다. 그러나 마침내 그들은 프랑스를 거치는 여정

호세마리아 성인이 스페인 내전을 피해 피레네 산맥을 넘을 당시 복되신 동정 마리아 미사 준비를 위해 관련 자료들을 기록해 둔 공책

을 다시 시작할 수 있었고, 루르드에 들러 성모님께 감사했다. 그들이 프랑스남서쪽 해안도시인 앙다이에서 스페인으로 돌아왔을 때 호세마리아 신부는 성모찬송가 '모후이시여 (Salve Regina)'를 노래했다.

피레네 산맥 리알프 지역에서 발견된 나무로 만든
장미 성모님께서 보호해주시는 징표로 여겨짐

1937년 12월 3일
안도라 피레네 산맥을 거쳐 국경을
넘었던 호세마리아 성인과 동료들

8장 다시 시작하다 (1939년)

　전쟁 중 스페인의 민족주의 진영은 스페인 북부 자치주 부르고스 주의 주도(州都)였던 부르고스에 임시 수도를 세웠다. 그곳에서는 정부 관리들과 공무원들, 그리고 다른 많은 사람이 각자 살던 도시로 돌아가기를 고대하고 있었다. 그들 중에는 교회 관계자들도 있었다. 모든 정치적 고려사항을 넘어 종교적 열정이 다시 불붙고 있었다. 아마도 그동안의 박해에 대한 반발이었을 것이다.

　피레네 산맥을 넘은 뒤 호세마리아 신부는 부르고스에 자리를 잡고 사바델 호텔이란 이름의 수수한 여관에 방을 구했다. 그는 이곳을 거점 삼아 열정적인 사도직 활동을 재개했다. 우선 전쟁 전에 알고 지냈던 사람들을 찾아 그들의 양성교육을 계속해 나가는 일이 무엇보다 중요했다. 호세마리아 신부는 그들과 다시 만나기 위해 온갖 노력을 기울였다. 거의 무일푼으로 길을 나섰고 전쟁의 참화가 가져온 불편함을 감내해야만 했다. 어떤 이들은 부르고스에 있는 그를 보러 오기 위해 귀중한 휴가를 쓰기도 했다.

    호세마리아 신부는 그들 모두에게 시야를 더 넓게 열고 생각하도록 격려해주었다. 젊은이들은 그와의 만남을 동경했다. **"우리는 곧 잘 알란손 강(江)의 둑을 따라 산책을 하며 이야기를 나누었습니다. 젊은이들이 마음을 여는 동안 저는 적절한 조언을 그들에게 전하려고 애썼습니다. 그들이 스스로 결심을 확인하고, 자신들의 내적 삶에 새로운 지평을 열어줄 수 있도록 하기 위해서였습니다. 하느님께서 항상 도와주신 덕분에 저는 제가 할 수 있는 최선을 다할 수 있었습니다. 저는 그들을 격려하고, 그들 마음속에 진정한 그리스도인으로 살겠다는 열망을 불러일으키기 위해서 노력했습니다. 우리들의 산책은 간혹 멀리 우엘가스 수녀원까지 이어지곤 했고, 때로는 대성당으로 가는 길을 찾아 나서기도 했습니다."**

    "저는 대성당 꼭대기에 있는 장식물들을 가까이 보기 위해 성당

1939년 3월 28일, 폐허가 된 DYA 아카데미를 찾은 호세마리아 성인

탑을 즐겨 올랐습니다. 돌을 세밀하게 깎아 만드는 세공술(細工術)은 대단한 참을성과 노력을 요구하는 장인정신의 산물이 틀림없었습니다. 동행하는 젊은이들과 이야기를 나누면서 저는 이 작품들의 아름다움은 아래에서는 절대로 볼 수 없다고 강조했습니다. 제가 예전에 젊은이들에게 설명했던 것에 대한 구체적인 배움을 주기 위해 저는 이렇게 말하고 싶었습니다. '이것은 하느님의 일이야! 하느님을 위해 하는 일이야! 그러니 이 훌륭한 석조공예처럼 아름답고 정교하게 여러분 각자에게 맡겨진 사업을 완벽하게 완수해내야 해.'"

호세마리아 신부는 오푸스데이의 광범위한 확장과 함께 교회를 위한 유익한 봉사를 꿈꾸었다. 이미 그는 젊은이 중 몇 명을 다른 나라에 파견할 준비를 하고 있었다. 그는 더욱더 자신을 다그쳤다. "너와 내가 우리의 기도를 시작할 때 밤이 깊어가고 있었다. 가까운 곳에서 물소리가 들려왔다. 도시의 고요함을 뚫고 여러 나라 사람들의 목소리가 우리에게 들리는 듯했다. 아직도 그리스도를 알지 못한다며 비탄에 빠져서 우리에게 울부짖는 목소리였다. 그럼에도 불구하고 아무 일도 하지 않으면서 뻔뻔하게도 너는 네 십자가에 입 맞추며 너를 사도 중의 사도로 만들어 달라고 그리스도께 간청하고 있구나."

그는 오푸스데이에 관해 더 많은 주교들과 이야기를 나누기 위해서 여행을 해야 했다. 주교들은 그를 진심으로 맞아주었고 많은 용기를 주었다. 그는 가능한 한 빨리 마드리드에서 오푸스데이를 다시 시작해야 했고, 이때 유용하게 쓰일 수 있는 여러 전례용품들을 수집해 나갔다. 그는 무엇보다 책을 기증받기 위해 노력했다. 젊은이들이 다양한 지식과 문화 분야에서 그리스도를 전파할 수 있도록 준비되어 있어야 했기 때문이었다.

늘 그렇듯이, 호세마리아 신부는 스스로 모범이 되고자 했고, 자신의 경험을 예로 들면서 강론했다. 마드리드에 있는 박사학위 논문 자료들이 전쟁 때문에 사라졌기 때문에 그는 논문의 방향을 바꿔 부르고스에서 1.5km 서쪽에 있는 시토회 수녀원인 우엘가스 수녀원에 관해 연구하기 시작했다. 우엘가스 수녀원은 교회법적으로 매우 특이하고도 흥미로운 유형의 관할권을 가진 곳이었다.

그는 친분을 가졌던 모든 사람, 특히 자신의 영적 아들들과 접촉하기 위해 무수한 편지를 보냈다. 그의 편지는 간결하고 예리하면서도 부성애가 넘쳤다. 하지만 오래도록 응답을 기다려야만 했다. 그는 엄청난 금식과 고행, 단식을 시작하려 했고, 돈에 대한 모든 고민은 우리 주님께 의탁하겠다는 결의로 마음을 다졌다. 이런저런 자원들을 끌어모아 마련한 적은 수입으로 그들은 겨우 살아갈 수 있었다.

마침내 기다리던 순간이 왔다. 그들이 마드리드로 돌아갈 수 있게 된 것이다. 호세마리아 신부의 거룩한 조바심이 그들로 하여금 첫 번째 군(軍) 호송차를 타고 마드리드에 들어올 수 있게 하였다. 그렇게 그는 마드리드로 돌아온 첫 번째 신부가 되었다. 이때가 1939년 3월 28 일이었다. 큰 비용과 희생으로 마련했던 학생 아카데미 숙소는 완전히 파괴된 듯이 보였다. 만감이 교차하는 가운데 전쟁의 잔해더미에서 복음말씀이 새겨진 액자 하나를 찾아냈다. 예수님께서 직접 새로운 계명으로 내려주신 말씀이자, 당신 제자들을 알아

볼 수 있는 표징이었다. **"서로 사랑하여라. 내가 너희를 사랑한 것처럼 너희도 서로 사랑하여라."** (요한 13, 34)

모든 게 다시 시작되었다. 호세마리아 신부의 남다른 희망과 희생

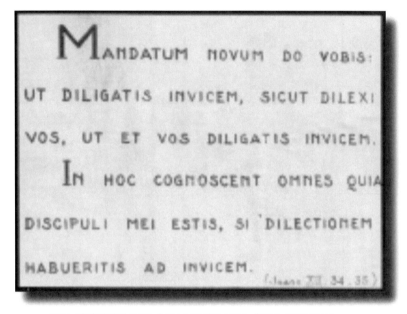

DYA 아카데미의 잔해 속에서 발견된 명판. "서로 사랑하여라.
내가 너희를 사랑한 것처럼 너희도 서로 사랑하여라." (요한13, 34)

정신에 힘입어 새로운 숙소의 문을 열 수 있었다. 그의 가족들도 새 거처로 옮겨왔다. 그의 어머니와 누이들이 숙소의 살림을 맡았다. 화기애애한 분위기 속에 희망을 품고 다시 시작한 덕분에 오늘날까지도 모든 오푸스데이 센터들은 가족적인 분위기를 띠고 있다.

6월에 그는 발렌시아 인근 학생들을 대상으로 한 피정에서 강론했다. 이로 인해 이 도시에서의 오푸스데이 활동이 크게 활성화되었

다. 발렌시아에서도 9월에 그의 묵상집인 '길'이 출간되었다. 오푸스
데이에 온전히 헌신함으로써 하느님께 자신을 봉헌하길 원하는 사
람들이 모여들기 시작했다. 제2차 세계대전 발발 당시 유럽의 어려
운 상황 때문에 오푸스데이를 국제적으로 성장시키려던 계획은 연
기됐지만, 스페인 내에서 다른 지역으로의 확장은 계속되었다.

사도직

"그대의 삶이 헛되지 않게 하십시오. 유익한 자취를
남겨놓으십시오. 그대의 믿음과 사랑의 빛으로 세상을
비추십시오. 증오의 씨를 뿌린 불순한 자들이 남긴 더럽고
비열한 흔적을 그대의 사도적 삶을 통해 지워버리십시오.
그리고 그대 가슴속에 간직한 그리스도의 불꽃으로 세상의
모든 길을 밝히십시오."

(길, 1)

9장 사제 돕기 (1941~1944년)

"저는 정말로 많은 피정지도를 여러 스페인 교구에서 하기 시작했습니다. 당시 저는 매우 젊었지만, 일주일씩 계속되는 피정은 저를 당황하게 했습니다. 저는 항상 우리 주님께 다가가 이렇게 말씀드리며 피정을 시작했습니다. '주님께서 당신의 사제들에게 저를 통해 무슨 말을 하실지 지켜보셔야만 하실 겁니다.' 저는 매우 어색했습니다! 피정에 참가한 사제들이 제게 이야기를 걸어오지 않으면, 제가 그들을 차례로 불렀습니다. 왜냐하면 그들은 강론자와 이야기를 나누는 데 익숙하지 않았기 때문입니다."

1940년대 초, 여러 주교들이 호세마리아 신부를 찾아와 자신의 소속 사제들에게 강론해 주길 요청했다. 내전의 참화가 할퀴고 간 뒤였기에 평신도는 물론이고, 성직자들의 영성적 삶을 다시 풍요롭게 하는 일이 절실했다. 탁월한 강론자로서뿐만 아니라 거룩한 사제로서 호세마리아 신부의 명성은 갈수록 높아졌다. 몇 년 동안은 이 피정에 참가하는 사제들의 수가 천 명을 넘어서기도 했다.

그의 강론은 개인적인 기도가 큰 소리로 터져 나오는 것이었다. 호세마리아 신부는 청중들에게 우리 주님께 대한 그의 사랑을, 주님과 함께하는 스스로의 내적 삶을 전했다. 그의 주제는 언제나 예수님이었고 복음서가 전하는 기쁜 소식이었다. 그는 생생한 언어로 그리스도의 삶을 비춰보였다. 그의 당면한 강론주제가 무엇이건 간에, 죄(罪)이거나 은총이거나 영원한 삶이거나 간에, 언제나 그의 목적지는 '살아 계시고 우리를 사랑하시는 예수님'과의 개인적 일치였다.

사제직과 사제들에 대한 그의 사랑은 명백했다. 1941년, 그가 피정지도를 위해 마을을 떠나야 했을 때, 스페인 북동부 카탈루냐 지방 레리다에 있던 어머니는 투병 중이었다. 그러나 의사들도 그의 어머니가 위중한 상태는 아니라고 판단했기 때문에 호세마리아 신부는 피정지도를 가기로 결심했다.

당뇨병 때문에 체중이 늘었을 때, 당시 묵상기도를 지도하는 호세마리아 성인

"제가 하려는 사업을 위해 어머니의 고통을 봉헌해주실 수 있나요?"

호세마리아 신부는 어머니에게 물었고, 그가 방을 나갈 때 어머니가 중얼거리는 소리를 들었다.

"어디 가니. 내 아들..."

레리다 신학교에 도착한 그는 감실 앞에서 무릎 꿇고 기도했다.

"주님, 제가 당신의 사제들을 돌보고 있으니, 당신께서 제 어머니를 돌보아 주십시오."

이틀이 지났다. 호세마리아 신부는 여전히 어머니를 마음 깊이 걱정하고 있었다. 그는 사제 어머니의 역할에 관한 강론을 이어갔는데, 문득 청중들에게 전할 이야기가 떠올랐다. **"어머니의 역할은 너무도 중요해서 아들 사제가 선종하는 다음 날까지 어머니는 결코 돌아가셔선 안 됩니다."**

묵상 후 그는 성체 앞에서 조용히 기도를 이어나갔다. 그때 피정 중이던 교구장 서리가 다가왔다. 그리고 약간 당황한 듯 낮은 목소리로 그에게 말했다.

"마드리드에서 알바로 델 포르티요가 전화해 달라더군."

그의 어머니 돌로레스가 선종한 것이었다.

몇 년 후, 호세마리아 성인은 이렇게 단언했다. **"우리 주님께서 교구 사제들에 대한 제 사랑의 증거로서 그런 희생을 제게 원하셨으며, 제 어머니는 특별히 하느님의 일을 위해 전구의 기도를 계속하고 계신다고 저는 항상 생각해왔습니다."**

그의 모든 활동이 항상 그랬듯, 오푸스데이도 주교들과의 긴밀한 일치 안에서 진행됐다. 고위 성직자들은 호세마리아 신부를 존경했으며 그가 학생들, 그리고 여러 계층의 다른 사람들과 함께 수행하고 있는 사도직 활동을 축복했다.

마드리드대교구의 레오폴도 에이호 이 가라이 주교는 오푸스데이의 성격과 사명을 이해했고, 아버지 같은 한없는 애정으로 가능한 모든 방법을 동원해 오푸스데이의 발전을 촉진하고자 했다. 그는 이 일을 영광으로 여겼다. 그와 호세마리아 신부는 확고한 상호 신뢰관계를 맺고 있었다.

그러나 몇몇 성직자들은 오푸스데이 전반에 관해, 특히 설립자에 대해 오해하기 시작했다. 그런 오해들이 헛소문과 비방을 쏟아내는 조직적인 활동으로 이어지는 데는 그리 오랜 시간이 걸리지 않았다. 호세마리아 신부는 고통스러웠지만, 모든 것을 용서했다.

이 상황을 심각하게 걱정한 마드리드대교구의 레오폴도 에이호 이 가라이 주교는 악의적인 소문들이 종식되기를 바라면서 1941년 3월, 오푸스데이에 대한 교구 승인을 했다. **"어느 날 밤 제가 침대에서 잠들려고 할 때 - 잠잘 때 저는 아주 푹 잡니다. 그 당시 비방과 박해와 거짓말들이 많았지만, 그로 인해 잠을 못 이룬 적은 없습니다. - 전화벨이 울렸습니다. 수화기 너머 상대방이 '호세마리아' 라고 제 이름을 불렀습니다. 바로 마드리드의 레오폴도 주교님이었습니다. 그분의 목소리에는 항상 특별한 온기가 깃들어 있었습니다. '무슨 일이십니까?' 하고 제가 물었지요. 그랬더니 '보라, 사탄이 너희를 밀처럼 체질하겠다고 나섰다.' (Ecce Satanas expetivit vos ut cribaret sicut triticum. - 루카 22, 3) 라고 말씀하셨습니다. 그리고 이어서 '나는 그대를 위해 아주 많이 기도하고 있소. 그대여, 그대의 영적 아들들에게 확신을 심어주십시오.'라고 말하고는 전화를 끊었습니다."**

호세마리아 신부는 증오를 품지 않고 용서하기 위해서 최선을 다했다. 1942년 어느 날 밤, 그는 엄청난 양의 일에 치인 데다가 남을 비방하는 사람들에게 격분한 상태였다. 그는 감실 앞에서 무릎을 꿇고 기도했다. **"주님, 만약 당신께서 제 명예가 필요치 않으시다면, 제가 그것을 원할 이유가 어디 있겠습니까?"**

하느님의 일에 함께하는 신자들이 크게 늘어나면서 사제가 그들 모두를 돌보는 것이 어려운 상황에 이르렀다. 호세마리아 신부는 오푸스데이의 평신도들로부터 사제가 나와야 한다는 것을 알고 있었다. 그 해결책을 찾기 위해 설립자가 머리를 싸매면 싸맬수록 사제 서품자의 자격에 대한 교회법적 문제를 풀 길이 없었다.

언제나 그렇듯 어려움에 해결책을 주시는 분은 하느님이었다. 1943년 2월 14일 아침, 호세마리아 신부가 오푸스데이의 한 센터에서 미사를 집전하고 있는데, 우리 주님께서 그에게 명료하고도 구체적으로 해결방법을 보여주셨다. 미사 후 그는 오푸스데이의 문장(紋章: 세상 안의 십자가)을 스케치했다. 그러면서 그는 '성 십자가 사제회'에 관해 말하기 시작했다.

오푸스데이의 첫 회원 중 세 명은 모두 공학자였는데 이미 사제 서품을 준비하고 있었다. 1944년 6월 25일, 그들은 마드리드의 주교에 의해 성품(聖品)을 받았다. 호세마리아 신부는 성공 또는 승리로 비칠 수 있는 이 서품식에 참석하고 싶지 않았다. 그는 집에 머물면서 기도했다. 몇 년 뒤 그는 이 일을 글로 남겼다. **"제 역할은 숨어서 사라지는 것입니다. 그래서 오직 예수님만 빛나시도록 하는 것입니다."**

그는 지난 세월 동안 교구 사제들을 사목적으로 돌보는 데 많은 시간을 바쳤다. 사제들에 대한 그의 관심은 결코 식을 줄 몰랐다. 교구 사제들 또한 오푸스데이의 일부가 될 수 있지 않을까? 교구 사제들과 궁극적으로 합류하기 위해서는 교회법상의 장애들을 극복해야 하는데, 좀처럼 풀기 어려운 문제로 보였다. 이를 위해서 1950년에 오푸스데이와는 별개의 협회 설립을 계획했을 정도로 그는 교구 사제들에게 적합한 영성적 도움을 주고자 소망했다. 하지만 그의 계획은 결국 무용지물이 되었다. 우리 주님께서 다시 한번 그에게 영감을 주셨던 것이다. 교구 사제들이 소속 교구의 주교에게 순명하는 한 그들도 '성 십자가 사제회'에 들어갈 수 있게 된 것이다.

첫 회원들 가운데 세 명은 1944년 6월 25일에 사제서품을 받았음

10장 '로마'로의 여행 (1946~1947)

호세마리아 신부는 그의 영적 아들 몇 명이 임대한 피아자 델라 시타 레오니나의 아파트 6층 발코니에 나와 섰다. 그리고 그곳이 교황의 사도궁과 얼마나 가까운 거리에 있는지 알게 되었다. 도로와 스위스 근위대의 병영만이 두 건물 사이에 있을 뿐이었다. 밤이 되자 아직 불이 꺼지지 않은 교황청 사도궁의 창문으로 비오 12세 교황의 모습을 얼핏 볼 수 있었다. 그는 깊이 감동해 테라스에서 교황을 위해 기도하며 결국 꼬박 밤을 새우고 말았다.

참으로 추억이 넘쳐나는 밤이었다. 비오 11세 교황 재위 당시 호세마리아 신부는 마드리드에서 도시의 여러 지역을 돌며 로사리오 기도를 바쳤다. 순회기도 말미에 그는 교황의 손으로 직접 주는 성체를 받아 모시는 상상을 했다. 그리스도와 성모님과 함께 교황은 그가 가장 사랑하는 셋 중 한 분이 되었다. 그리고 지금 이 순간 교황이 바로 이곳에 있다. 1946년 6월 24일로 넘어가던 밤이었다. 고

요한 로마의 새벽, 그는 여전히 테라스에 있었다. 육체적으로는 기진맥진했지만, 형언할 수 없는 영적 기쁨이 넘쳤다. 호세마리아 신부는 행사로 빡빡한 여정을 마치고 그날 오후에 로마에 도착했기 때문에 정말로 지친 상태였다.

하느님의 일은 이제 걸음마 단계를 넘어서고 있었다. 따라서 세상 모든 교구에서 신자들의 세속성과 일치, 그리고 사도직의 보편성을 보장해줄 교황의 승인이 필요했다. 교구의 승인만으로 충분하지 않았다. 오푸스데이는 교회법상의 어떤 체계에도 들어맞지 않았다. 당시의 교회법은 이 새로운 사목적 현상에 적합한 법률적 원칙을 제공하지 못했다. 새로운 사목적 현상이란 세상 한복판에서 그들의 직업과 일을 통해 거룩함을 추구하는 평범한 그리스도인들을 뜻한

로마에 도착한 첫 날

다. 오푸스데이의 설립자를 대변했던 알바로 델 포르티요는 두 번에 걸쳐 로마에 다녀왔고 어느 정도의 진전을 이루기도 했지만, 교회의 문이 굳게 닫혀 있다는 사실을 알게 되었다. 로마의 관계자들은 "오푸스데이는 백년이나 너무 앞서 온 것"이라고 이야기해 주었다. 설립자인 호세마리아 신부가 직접 나서야 할 상황이 온 것이었다.

하지만 호세마리아 신부는 중병에 걸린 상태였다. 1944년 이후 그는 급성 당뇨병을 앓고 있었다. 그는 '의사들이 나의 상태를 보고 놀라 넘어졌다.'고 말했다. **"그때 저는 언제라도 죽을 수 있었습니다. 잠자리에 들 때 다시 일어날 수 있을지 몰랐습니다. 아침에 일어났을 때는 저녁까지 버틸 수 있을지 알지 못했습니다."** 유명한 전문의 였던 담당 의사는 그가 로마로 여행할 경우 "목숨을 장담할 수 없다." 고 단언했다. 그러나 그는 로마로 가야 했고 끝내 그 일을 해내고야 말았다.

그는 제노바로 가는 배를 타기 위해 바르셀로나로 향했다. 카탈로니아 수도에서 그의 영적 아들들과 만나 묵상에 관해 강론했다. 호세마리아 신부는 자신의 건강이 아니라 하느님의 일의 교회법적 미래를 염려했다. **"주님, 제가 이 일을 당신의 영광을 위해서 했을 때, 당신의 뜻인 줄 알고 그 일을 했을 때, 제가 옳다고 믿는다면, 많은 사람을 제가 속이도록 허락하셨다는 말인가요? 우리가 한 세기 먼저 너무 빨리 왔다고, 교황청이 과연 말할까요? 우리가 모든 것을 버리고 당신을 따르는 것을 보십시오! 저는 누구도 속이고 싶지 않습니다. 저는 당신을 섬기는 것 이외에 아무것도 원하지 않습니다. 이런 제가 사기꾼이 될 가능성이 있는 것인가요?"** 바르셀로나에서 함께 온 오푸스데이의 대표단이 감격해서 경청했다. 중상모략에 시달린 그들은 이미 설립자로부터 하느님의 섭리를 완전히 신뢰하는 법을 배운 뒤였다.

법률사(法律史)를 전공하는 젊은 학생 호세 올란디스와 함께 호

1946년 스페인 바르셀로나에서 이탈리아
제노바까지 가기 위해 승선했던 배

세마리아 신부는 'J. J. 시스터'라는 증기선에 올랐다. 리옹만에서는 폭풍이 일어나 20시간이나 배를 강타했다. 실제로 난파될 뻔한 이르기까지 사실상 배에 탔던 모든 사람이 멀미를 했다. 호세마리아 신부가 농담 반 진담 반으로 동료에게 말했다. **"우리가 로마에 가는 것을 악마가 원하지 않는 것 같아!"**

마침내 그들은 제노바에 도착했다. 알바로 신부가 차편으로 그들을 로마까지 데려가기 위해 기다리고 있었다. 제2차 세계대전에서 이제 막 회복되기 시작한 제노바는 불편한 분위기가 팽배했다. 호세마리아 신부는 로마에서 자신이 얼마나 교황의 거처와 가깝게 있는지 깨달았다. 얼마 후 그는 어느 신부에게 '기도하면서 지샌 그날

밤'에 관해 이야기했는데, 그 말이 곧 사방에 퍼졌으며 몇몇 사람들이 그의 등 뒤에서 비웃고 있다는 사실을 알게 되었다. **"처음에는 그런 수근거림들이 제게 상처가 되었지만, 오히려 그로 인해 교황에 대한 사랑이 마음속 깊이 자리잡았습니다. 그 사랑은 덜 스페인적인, 다시 말해서 덜 감정적인 사랑이었고, 더욱 확고하고 더욱 신학적인 성찰로부터 오는, 그러므로 훨씬 심오한 사랑이었습니다. 그때 이후 저는 항상 말해왔습니다. '로마에서 저는 순진하게도 교황에 대한 제 사랑을 너무 많이 이야기했습니다. 그런데도 이 사건은 제 영혼에 가장 도움이 되는 일이었습니다.'"**

알바로 신부의 말이 옳았다. 설립자인 호세마리아 신부가 직접 로마에 감으로써 교황청의 복잡한 승인 과정이 속도를 내었다. 맨 처음 따뜻한 격려를 해준 사람은 죠반니 바티스타 몬티니 몬시뇰이었다.

조반니 바티스타 몬티니 몬시뇰

몬티니 몬시뇰은 훗날 바오로 6세 교황이 되었는데, 그는 언제나 호세마리아 에스크리바 신부에게 우정과 친절을 베풀었다. 몇 주 뒤 비오 12세 교황은 알현실에서 그를 맞았다. 교황은 오푸스데이의 다른 회원들과 이미 이야기를 나눈 후였지만, 설립자를 직접 만나면서 감명을 받게 되었다. 비오 12세 교황은 나중에 길로이 추기경에게 이렇게 털어놓았다. "그는 진정한 성인이야. 이 시대를 위해 하느님께서 보내신 사람이야."

오푸스데이가 추진해온 교황청의 승인을 실제로 허락해준 사람은 비오 12세였다. 1947년 승인이 결정되었고, 3년 후인 1950년에 최종 확정되었다. 오푸스데이가 드디어 교회법 안에서 합법적인 체계를 갖추게 된 것이었다. 비록 완전하지는 않았지만, 오푸스데이가 최소한의 안정성을 확보하기 위해 절실한 것이었다.

많은 추기경들, 주교들, 그리고 고위성직자들이 시타 레오니나에 있는 작은 아파트를 방문했다. 호세마리아 신부의 신학적으로 뿌리 내린 교황에 대한 사랑은 평생 흔들림 없이 커져 갔다. 그 응답으로 오푸스데이에 대한

비오12세

교황들의 따뜻한 마음과 존경도 자라났다. 비오 12세에 이어 즉위한 요한 23세 교황은 착좌 이전인 1950년, 산티아고 데 콤포스텔라에 있는 대학 숙소를 방문했을 때 이미 오푸스데이의 영성을 소개받았다. 또한 사라고사에 있는 오푸스데이 센터 중 한 곳에 짧게 머무르기도 했다.

호세마리아 성인이 새 교황 요한 23세를 처음 알현한 것은 1960년 3월 5일이었다. 그 후 요한 23세의 뒤를 이은 바오로 6세 교황은 아버지 같은 애정으로 호세마리아 신부를 대했다. 1964년 교황

성 요한 23세 교황과 함께

성 호세마리아 에스크리바

은 말했다. "우리는 아버지의 마음으로 참으로 만족스럽게 오푸스데이를 보아왔습니다. 오푸스데이가 얼마나 많은 일을 했는지, 또한 하느님 나라를 위해 얼마나 많은 일을 계속하고 있는지, 오푸스데이를 인도하는 선(善)에 대한 갈망과 그 특징인 교회와 교황에 대한 열렬한 사랑, 그리고 동시대 삶의 모든 분야에서 실제로 살아가는 존재이자 증인이 되는 고되고도 어려운 사도직의 여정, 그 여정을 수행하도록 이끄는 강렬한 영적 갈망...우리는 그것들을 보아왔습니다." 교황과 호세마리아 신부는 여러 번 만남을 가졌고, 교황은 호세마리아 신부가 성인이라는 자신의 확신을 있는 그대로 이야기했다.

호세마리아 신부는 오푸스데이 회원들에게 이렇게 말했다. **"여러분이 나이 들었을 때, 그리고 이미 제 모든 것을 하느님께 드렸을 때, 여러분은 제가 얼마나 온 영혼과 힘을 다해 교황을 사랑했는지 여러분의 형제자매들에게 말하게 될 것입니다."**

11장 기쁨, 슬픔, 희망

　사도직 수행의 초기부터 호세마리아 성인은 결혼의 존엄성을 강조해왔으며, 결혼은 거룩한 성소이자 성화(聖化)를 향한 부르심이라고 힘주어 말했다. 그는 이미 묵상집 '길'에 다음과 같이 기록했다.

　"제가 그대더러 '그대는 결혼성소를 받았다'고 해서 웃는 겁니까? 저런! 그대는 바로 그 성소를 받았단 말입니다. 라파엘 대천사께 의탁하십시오. 그분이 토비아에게 하셨던 것처럼 마지막까지 순결을 보호해 주십사고 말입니다" (길, 26).

　그리고 '그리스도께서 지나가신다'에서는 이렇게 이야기했다. **"그리스도인의 결혼은 단순한 사회적 제도가 아니며 인간의 약함을 달래기 위한 치료법은 더더욱 아닙니다. 결혼은 정말로 초자연적인 부르심입니다. 바오로 사도가 말했듯이, 그리스도 안에서 또한 교회 안에서 이뤄지는 위대한 성사입니다. (에페 5,31-32) 동시에 남자와 여자 사이에 맺어지는 영원한 계약입니다. 우리가 좋아하건 아니건**

간에 그리스도께서 세우신 혼인성사는 결코 스스로 풀 수 없는 것입니다. 결혼은 그리스도와 함께함으로써 거룩하게 된 영원한 계약입니다. 그리스도께서는 남편과 아내의 영혼을 채워주시고, 부부가 함께 당신을 따르도록 초대하십니다. 그분은 부부의 결혼생활 전체를 지상에서 하느님의 현존을 드러내는 기회로 변화시킵니다. 남편과 아내는 그들의 결혼생활을 성화(聖化)하며, 그 안에서 다시 자신들을 거룩하게 하도록 부르심 받았습니다."

그런 까닭에 기혼자들이 오푸스데이에 가입할 수 있는 교회법적 방법을 찾았을 때 호세마리아 신부는 매우 기뻐했다. 그는 가능한 한 빨리 마드리드로부터 멀지 않은 몰리노비에호에서 피정을 마련

로마에서 젊은 여성 그룹과 함께

했다. 가입을 기다려온 사람들이 오푸스데이의 진정한 일부가 될 수 있도록 영성적인 준비를 하기 위해서였다.

하지만 기쁨도 잠시, 곧바로 슬픔이 찾아왔다. 1950년 교황청이 오푸스데이를 승인한 데 따른 여파였다. 비오 12세 교황의 공식적인 승인에도 불구하고 오푸스데이와 그 설립자에 반대하는 매우 심각한 움직임이 일어났다. 교황청 내부에 영향력이 큰 몇몇 인사들이 하느님의 일로부터 설립자를 배제하고, 그의 영적 자녀들이 교회 안에서 활동하는 방식을 변질시킴으로써 그들을 갈라놓으려 한 것이었다.

호세마리아 신부는 그러한 음모에 관해 전혀 알지 못했다. 그러나 본능적으로 무엇인가 매우 해로운 것이 자신과 오푸스데이에 닥치려 하고 있음을 직감했다. 그는 로마에 있는 영적 자녀들에게 이렇게 털어놓았다. **"자기를 지키기 위해 지팡이로 허공을 때리는 일밖에 할 수 없는 눈먼 사람처럼, 내 자신이 그렇게 느껴져. 무슨 일인지 모르지만, 뭔가 벌어지고 있어..."**

그는 지상에서 누구에게 의지해야 할지 몰랐다. 때문에 항상 그래왔듯이 하늘에 의지하고 있었다. 그는 하느님의 일을 성모님께 봉헌하기 위해 로레토 성지로 참회의 순례를 떠나기로 결심했다. 지독한 더위 속에서 그의 나쁜 건강이 불러온 통증을 감내해야 하는 긴 참회의 여정이었다. 미사를 마친 뒤 그는 성전에 무릎 꿇고 어머니 성모님께서 보호해주시기를 간구하며 오푸스데이를 성모님께 의탁했다. 성지에서 돌아와 그는 평온을 되찾았다. 그날 이후 그는 소망을 담은 기도를 성모께 반복해서 드렸고, 다른 사람들에게도 전구의 기도를 부탁했다. **"지극히 감미로우신 마리아의 성심이시여, 저희**

에게 안전한 길을 준비하소서!" (Cor Mariae dulcissimum, iter para tutum!)

하늘로부터의 응답은 오래 걸리지 않았다. 몇 달 후, 이탈리아 밀라노 대주교 슈스터 추기경이 죠반니 우다온도 신부에게 전화를 걸어왔다. 자신의 관할 도시에서 이제 막 시작된 오푸스데이의 사도직 활동이 몹시 마음에 걸렸던 것이다.

"여러분의 설립자는 어떻게 지내십니까?"

"잘 지내십니다." 우다온도 신부가 대답했다. 그는 지금 무엇이 잘못 돌아가고 있는지 전혀 모르고 있었다.

"그런데 설립자는 어떻게 그 십자가를 혼자 짊어지려고 하는 겁니까? 지금 아주 명백한 차질이 빚어지고 있는데, 그 짐을, 그 무거운 십자가를 견뎌야만 하지 않겠습니까?" 추기경이 말하자 우다온도 신부가 답했다.

"글쎄요, 실제로 그렇다면 그는 매우 기뻐할 겁니다. 왜냐하면 그는 우리가 십자가 가까이 서 있다면, 그건 예수님과 매우 가까운 곳에 서 있는 것이라고 항상 가르쳐왔기 때문입니다."

"설립자에게 경각심을 가지라고 말해주시오. 그와 같은 나라 출신인 요셉 칼라산즈 성인과 알폰소 리구오리 성인을 떠올려보며, 하루빨리 행동을 취하라고 일러주시오."

추기경은 이렇게 충고했고 그 속에 담긴 경고는 명확했다. 슈스터 추기경이 말한 두 성인은 모두 지독한 박해를 견뎌낸 분들이었다. 호세마리아 신부는 많은 고위 성직자를 만나보았지만, 아무도 확실한 사정을 모르는 듯했다. 마침내 그는 당시 성 베드로 대성당 주임이었던 테데스치니 추기경에게 부탁해서 자신이 쓴 편지를 비오 12세 교황에게 직접 전달했다. 1952년 3월 18일, 교황은 그 편지를 읽었고 오푸스데이를 변질시키려는 계획 자체를 당장 중지시켰다.

결국 호세마리아 성인은 음모의 배후에 누가 있는지 알게 되었다. 그러나 그는 음모자가 누구인지 발설하지 않았다. 그렇게 하는 것은 자비심의 부족을 드러낼 것인데, 그는 그것을 더 두려워했다. 자신의 영적 자녀들에게 아무 말 하지 않은 것도 그 때문이었다. 그는 단지 용서를 바랄 뿐이었다. 음모를 꾸민 자들 또한 예전에 오푸스데이를 공격했던 다른 사람들처럼 스스로 하느님께 봉사하고 있다고 생각하며 그런 일을 했을 거라고 그는 확신했다. 또한 어떤 사람들에게는 오푸스데이의 신학적·사목적 참신함이 이해하기 쉽지 않았으리라고 생각했다. 그러므로 그들이 잘못 이해했거나 또는 전혀 이해하지 못한 어떤 것에 반대한다고 해도, 하느님께 봉사한다는 생각으로 반대했기 때문에 선의(善意)로 받아들여야 한다고 여겼다. 간단히 말해서, 하느님의 일을 계속 지키며 앞으로 나아가되, 비방하는 사람들을 용서한다는 것이었다.

여러 해가 지난 뒤 호세마리아 신부는 자신의 영적 자녀들에게 이렇게 털어놓았다. **"여러분은 하느님의 일이 이렇게 성장한 이유를 아십니까? 음모를 꾸민 이들이 오푸스데이를 밀이 든 부대자루 같은 것으로 취급했기 때문입니다. 그래서 그들은 부대자루를 마구 치고 두드렸습니다. 그러나 자루 안에 든 씨앗들은 너무 작아서 부서지지 않았습니다. 오히려 바람을 타고 여러 방향으로 흩어져서 진리에 굶주리고, 진리를 받아들일 준비가 된 마음들이 있는 곳이면 어디**

든 내려앉았습니다. 그래서 지금 우리는 수많은 성소를 가졌으며 매우 큰 가족이 되었습니다. 오푸스데이를 존경하고 사랑하는 수백만의 사람들이 있습니다. 왜냐하면 그들은 그 안에서 사람들 속에 현존하시는 하느님의 징표를 보고, 무궁 무진한 당신의 자비를 깨닫기 때문입니다." 호세마리아 신부는 몇 년간 스스로 은둔했다. 그는 자신의 영적 아들과 딸들을 위한 양성교육을 전투적으로 수행하면서 오푸스데이의 확장을 관리해야 했다.

초자연적 방법에 의지하는 것은 호세마리아 성인의 변함없는 특징이었다. 크고 작은 모든 일에 있어 하느님께 대한 흔들리지 않는 신앙의 표징으로서, 그는 앞서 언급한 일들 외에도 여러 차례에 걸쳐 오푸스데이가 봉헌되기를 바랐다. 1951년 5월 14일, 로마의 일부

"하느님을 사랑하는 이들에게는 모든 것이 선을 이룬다. (참조 로마 8, 28)" 호세마리아 성인의 지시로 성인이 로마에서 살았던 집 벽에 새겨진 라틴어 성경 말씀

부모들 사이에 오해가 빚어졌고, 이를 계기로 호세마리아 신부는 오푸스데이의 회원 가족들을 나자렛 성가정에 봉헌하기로 결심했다.

"오 예수님, 우리가 가장 사랑하는 구세주시여." 봉헌의 글은 이렇게 이어진다. "자신의 모범과 가르침으로 세상을 밝게 깨우러 오신 분! 당신은 나자렛의 초라한 집에서 마리아와 요셉을 모시고 당신 생애의 더 많은 부분을 지내기로 선택하셨습니다. 그렇게 가정을 성화(聖化)하셨고, 그 성가정을 모든 그리스도인 가정들이 본받아야 합니다. 오푸스데이에 속한 당신 자녀들의 가족과 그들의 봉헌을 감사히 받아들입니다. 우리는 지금 당신께로 나아갑니다. 그들을 당신의 보호와 보살핌 아래 두소서. 당신 성가정의 거룩한 표양에 따라 살게 하소서."

아일랜드와 에콰도르에서 온 영적 아들들과 함께

하느님의 자녀됨

"'하느님의 자녀됨'은 오푸스데이 영성의 바탕입니다. 모든 인간이 하느님의 자녀입니다. 그러나 아이는 아버지를 여러 방법으로 바라볼 수 있습니다. 우리는 주님의 뜻을 깨닫는 하느님의 자녀가 되려고 노력해야만 합니다. 주님께서 우리를 당신의 자녀로서 사랑하시기 때문에, 세상 한가운데 있는 당신 집으로 우리를 데려가서 하느님의 가족이 되게 하셨음을 깨달아야 합니다. 그렇기 때문에 그분의 것이 곧 우리의 것이고 우리의 것이 바로 그분의 것입니다. 마치 달을 따달라고 조르는 어린아이처럼 주님께 간구하는 친근함과 자신감을 키워가도록 노력해야만 하는 것입니다."

(그리스도께서 지나가신다, 64)

12장 확장 (Expansion)

호세마리아 신부는 당뇨병을 앓았고, 그로 인해 매우 힘들어했다. 그는 만성 두통과 갈증을 안고 살았다. 예전과 달리 체중도 크게 늘었다. 그 외에도 여러 당뇨합병증을 견뎌야 했다. 그는 매일 다량의 인슐린 주사를 맞았지만, 그럼에도 불구하고 항상 즐거운 모습이었다. 그는 자신의 혈당과다에 대해 늘 유쾌한 유머로 농담을 던졌다.

"사람들은 저를 가장 달콤한 신부라고 불러야 할 겁니다." 자신이 난치병에 걸렸다는 사실에 대해 그는 별로 중요하게 생각하지 않는 듯했다.

1954년 4월 27일, 알바로 신부가 그에게 인슐린 주사를 놓은 뒤 함께 테이블에 앉았다. 갑자기 호세마리아 신부가 그에게 부탁했다.

"알바로, 내 죄를 용서해줘."

알바로 신부는 그의 말을 이해하지 못하고 되물었다.

"신부님, 뭐라고 하셨어요?"

"죄를 용서해달라고!"

그가 어리둥절해하는 것을 본 호세마리아 신부는 고해성사 때 쓰는 전례용어로 그를 재촉하기 시작했다.

"당신의 죄를 용서합니다." (Ego te absolvo.)

그리고 그는 바로 정신을 잃고 모로 쓰러졌다. 돌연 얼굴빛이 붉었다가, 자줏빛이었다가, 누렇게 바뀌었다.

알바로 신부는 그의 죄를 용서한다고 말한 뒤 급히 의사를 불렀다. 잠시 후 의사가 도착했을 때 호세마리아 신부는 이미 정신을 차린 뒤였다. 진단 결과 과민성 쇼크였다. 이 일로 그는 몇 시간 동안이나 시력을 잃었지만, 그 후 완전히 회복되었다. 비록 몇 년간 여러 후유증이 남긴 했으나, 더는 당뇨병으로 고생하지 않을 정도로 건강을 되찾았다. 주치의 또한 말문이 막혔다. 10년 이상 앓아온 병이 그렇게 나은 것이다.

이즈음 로마의 브루노 부오지가(街)에 있던 오푸스데이의 땅이 건축이 가능한 부지가 되었다. 항상 그랬듯이 그 부동산도 자금을 운용해서 얻은 것이 아니었다. 하느님의 섭리를 믿은 결과였고, 여러 교구의 후원 덕에 마련하게 된 것이었다. 처음 그곳에 살기 시작했을 때는 펜시오나토(기숙사)라고 불리는 건물의 관리실에 거주해야 했다. 전에 살던 세입자들이 이사 가는 바람에 비어 있던 곳이었다. 공사가 순조롭게 진행되면서 집은 모습을 갖춰가기 시작했다. 호세마리아 신부는 결코 사치스럽지 않게, 그리고 청빈에 대한 사랑을 담아 더욱 튼튼하게 지어질 집이라고 말했다. 그 집이 바로

'빌라 테베레'[1] 로마 교외에 위치한 오푸스데이의 총본부이다.

이 시기(1946~1952년)는 오푸스데이가 유럽과 아메리카 대륙으로 확산된 때였다. 1946년, 오푸스데이의 몇몇 회원들은 포르투갈, 이탈리아, 그리고 영국에서 활동하기 시작했다. 1947년에는 프랑스와 아일랜드로 이어졌고, 1950년대 말까지는 멕시코와 미국까지 오푸스데이가 진출했다. 1950년에는 칠레와 아르헨티나, 1951년에는 콜롬비아와 베네수엘라, 그리고 1952년에는 독일에 이르기까지, 오푸스데이는 활기차게 빠른 속도로 계속 퍼져 나갔다. 1949년에는 이들 여러 나라에서 온 첫 회원들을 대상으로 여름철 교육이 실시되었다.

이처럼 오푸스데이는 다양한 지역에서 튼튼하게 뿌리를 내렸다. 이런 성과는 모두 하느님께서 하신 일이라는 징표였다. 참으로 다양한 문화와 사회적 배경을 가진 사람들이 하느님의 일에 동참하기 위해 모이기 시작했고, 호세마리아 신부는 그들에게 좀 더 효과적인 양성교육을 제공해야 할 필요성을 느끼기 시작했다. 이에 따라 호세마리아 신부는 1948년에 '로마 성 십자가 대학교'를 설립했다. 초반에는 임시건물로 지어져 고충도 많았지만, 가톨릭교회의 심장부인 교황청, 그리고 오푸스데이 본부와 가까운 이곳에 전 세계에서 온 오푸스데이 회원들이 모여 특별한 양성교육 기간을 보낼 수 있게 되었다.

몇 년 후인 1953년 12월 12일, 호세마리아 신부는 오푸스데이의 여성회원들을 위해 '로마 성모 마리아 대학교'를 세웠다. 그 이후 수

---

1 로마 교외에 위치한 오푸스데이의 총본부.

빌라 테베레 건설 현장에서

천 명의 남녀가 이들 두 대학에서 교육을 받았다. 그 가운데 많은 남성 회원들이 사제서품을 받았다.

이 시기에 일궈낸 또 하나의 긍정적인 혁신은 바로 가톨릭 신자가 아닌 사람들을 협력자로 받아들인 것이었다. **"오푸스데이는 설립할 때부터 종교의 자유에 관해서 어떤 형태의 차별도 한 적이 없습니다. 오푸스데이는 모든 사람들과 같이 일하며 함께 살아갑니다. 왜냐하면 모든 사람들 안에서 반드시 존중받고 사랑받아야 할 영혼을 보기 때문입니다. 결코 말로만 그러는 것이 아닙니다. 우리의 사업은 교황청의 허락을 바탕으로, 그리스도인이건 아니건 상관없이 가톨릭 신자가 아닌 사람도 협력자로 인정합니다."** 이와 관련하여 호세마리아 신부는 요한 23세 교황에게 이렇게 농담을 던졌다. 물론 최고의 예의를 갖추고서. **"저는 교회 일치 운동을 교황 성하께 배우지 않았습니다."** 왜냐하면 오푸스데이가 비(非)가톨릭 신자들을 협력자로 삼은 것은 교황이 교회 일치 운동을 공식화하기 이전이었기 때문이었다.

호세마리아 신부는 자신이 처음 활동을 시작했을 때와 똑같이, 하느님 섭리에 대한 깊은 믿음을 안고 그의 영적 자녀들을 여러 나라에 보냈다. 예수님께서 제자들을 파견할 때 그랬던 것처럼 거의 아무것도 없이 빈손인 상태로 그들을 보냈다. 하지만 자녀를 보살피는 아버지의 심정으로 그는 자신이 파견한 영적 자녀들의 행보를 따라갔다. 파견된 아들 딸들을 방문하기 위해 여러 차례 멀고도 불편한 여행을 한 것이다. 도착 전에 미리 그 지역을 위한 기도와 현지 교회 기관과의 만남을 준비하는 것도 그의 일이었다. 파티마 성모님의 발현을 목격했던 루치아 수녀는, 1945년에 이미, 가능한 서둘러 포르투갈에서도 하느님의 일을 시작해달라고 호세마리아 신부에게 부탁했다. 1949년, 뮌헨의 파울하버 추기경은 오푸스데이가 독일에서 출범하도록 청하면서 그를 열렬히 환영했다. 취리히와 바젤, 본, 쾰른, 파리, 암스테르담, 루뱅, 그리고 다른 도시들에서 같은 장면이 반복되었다. 그는 옛 소련군인들을 거리에서 흔히 볼 수 있었던 시기에 비엔나에 도착했다. 오스트리아의 수도인 그곳에서 호세마리아 신부는 제2차 세계대전 후 공산주의의 지배 아래 남겨진 나라들을 생각하며 자신의 간절한 바람을 기도로 바쳤다.

"성모 마리아, 동방의 별이시여! 당신의 자녀들을 도우소서!"
(Sancta Maria, Stella Orientis, filios tuos adiuva!)

그는 낡고 비좁은 차를 타고 전쟁의 상흔이 여전히 남아 있는

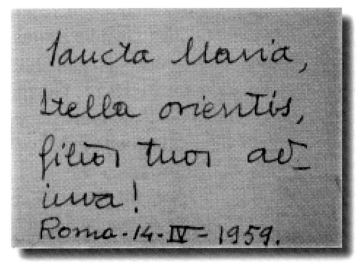

1959년 4월 14일, 로마에서 쓴 호세마리아 성인의 라틴어 육필(肉筆)
Sancta Maria, Stella Orientis, filios tuos adiuva!
–성모 마리아, 동방의 별이시여, 당신 자녀들을 도우소서!

도로를 누비고 다녔다. 그는 차에서 동료들을 위해 노래를 부르거나 흥겨운 대화를 나눔으로써 불편한 여행을 좀 더 가볍게 해주려 노력했다. 또한 차 안에서 자주 주님의 말씀을 언급하며 큰 소리로 기도하기도 했다. **"내가 너희를 뽑아 세웠다. 너희가 가서 열매를 맺어 너희의 그 열매가 언제나 남아 있게 하려는 것이다"** (요한 15,16). 성모님의 성지를 방문하는 일은 여행에서 늘 가장 기본적인 일정이었다.

1950년대부터 1960년대에 걸쳐 그는 여름의 몇 주간을 영국으로 가서 지냈다. 그는 유구한 대학 전통과 높은 국제적 위상을 가진 영국이란 나라에 특별한 희망을 걸었다. **"영국은 정말 훌륭한 국가입니다. 주님께서 도와주신다면 우리는 세계의 중심축인 이 나라에서 꾸준히 활동할 것입니다. 즐겁게 기도하며 우리의 작은 희생을 바칩시다."**

1958년 8월, 그는 런던 시내를 거닐면서 수 세기 동안 세워진 권력기관들이 집중돼 있는 모습을 보았다. '어떻게 하면 이곳에 예수 그리스도의 빛을 가져올 수 있을까?', '어떻게 하면 오푸스데이의 영성을 이곳에 전할 수 있을까?', '온갖 인종과 국적의 사람들로 북적대는 이곳이 정말로 그리스도교의 도시일까?' 마치 아무것도 이루지 못한 채 모든 할 일들이 아직 남아 있는 듯했고, 자신이 너무도 연약하다는 느낌이 들었다.

"저는 할 수 없습니다. 주님, 저는 할 수 없어요!"

하지만 하느님께서는 그를 이해시키셨다. "너는 할 수 없지만, 나는 할 수 있다."

여러 차례 다시 올지언정, 여행의 기간은 언제나 짧게 잡았다.

오푸스데이 본부로부터 너무 멀어지고 싶지 않았기 때문이다. 호세마리아 신부는 본부에서 대부분의 시간을 기도하고, 사도직 활동계획을 검토하며 자신의 영적 자녀들을 양성하는 데 쏟았다. 로마에서의 그의 일상은 매우 단조로운 편이었다. 그는 천성으로나 습관으로나 매우 질서정연한 사람이어서 시간을 몇 배로 활용하는 법을 알고 있었다. 아침 일찍 일어나 30분 정도 영적 아들들과 함께 묵상기도(기도문의 형식을 빌지 않고 자유롭게 바치는 기도)를 올렸고 미사를 집전했다. 호세마리아 신부는 미사를 자신의 일상인 동시에 모든 삶의 중심이자 뿌리로 여겼다. 유럽대륙의 기준으로 볼 때 그는 매우 간단한 아침을 먹었고, 그 시간을 활용해 신문을 읽었다. 그러나 역설적이게도 세속의 일이 가득한 신문을 읽으면서도 그는 깊은 기도와 감사로 충만해 하느님과 강렬하게 하나가 되었다.

　아침식사 후 그는 오푸스데이 총대리 알바로 신부와 함께 오푸스데이를 관리하고, 전 세계에서 들어오는 새 소식과 협의사항, 사도직

일본의 영적 자녀들에게서 온 첫 편지.
그 위로 호세마리아 성인이 쓴 글씨가 보임

103

활동 계획 등을 처리하는 일상적인 일들을 하기 시작했다. 오전 시간이 거의 끝날 때쯤 그는 종종 방문객들을 맞았다. 그의 기도와 충고, 보살핌을 청하기 위해 전 세계에서 온 사람들이었다. 오푸스데이의 회원도 있었고 아닌 사람도 있었는데, 그들은 모두 호세마리아 성인의 위로를 받을 수 있었다. 소박하고 검소한 점심식사를 마친 호세

아일랜드인 영적 아들의 부모와 함께

마리아 신부는 가장 가까운 협력자들이나 로마 대학교의 학생들을 만나 비공식적으로 이야기를 나누면서 휴식을 취했다. 그런 다음에 다시 업무와 기도, 묵주기도와 연구, 그리고 저술 작업을 이어갔다.

세상의 한가운데서 살아가는 관상가(觀想家)들

"우리는 하느님의 자녀이기에 모든 인간적인 활동을 하는 가운데 관상하는 정신을 지녀야 한다는 것을 나는 강조합니다. 우리는 기도와 고행을 통해, 종교와 직업에 대한 지식을 통해 빛과 소금과 누룩이 되어야 합니다. '세상 안에 있을수록 더 하느님의 자녀가 돼야 한다.'라는 이 목표를 우리는 완수할 것입니다."

(사랑의 담금질 740)

13장 지식인들의 사도직

"지적 활동의 모든 영역에서 올곧은 사람들, 진정한 그리스도인의 양심으로 자신들의 삶을 일관되게 살아가고 있는 사람들...우리는 이들 모두가 인류와 교회에 봉사하기 위해 지식이라는 무기를 사용할 수 있도록 노력해야 합니다. 왜냐하면 예수님께서 지상에 오셨을 때처럼 세상에는 지식을 악용해서 - 심지어 지식을 거짓으로 변조해서라도- 그리스도와 그를 따르는 사람들을 박해하는 새로운 헤로데들이 언제나 존재하고, 또 앞으로도 그럴 것이기 때문입니다. 그러니 얼마나 중요한 과업이 우리 앞에 놓여 있는 것입니까!"

지식인들의 사도직은 호세마리아 신부가 꿈꾸는 위대한 이상 중 하나였다. 과학자들을, 예술가들을, 작가들을, 그리고 지식인들을 그리스도께 데려오기 위한 이상인 것이다.

그가 처음 오푸스데이를 설립할 때부터 가졌던 비전에도 당연히 모든 유형의 사람들이 포함돼 있었다. 처음에 그를 따랐던 사람들

역시 학생과 노동자, 예술가 등 다양했다. 그는 언제나 **"백 명의 영혼이 있다면 우리는 그 백 명 모두에게 관심이 있습니다."**라고 말했다. 실제로 오푸스데이의 신자들은 매우 다른 문화와 인종, 전문 직종, 그리고 여러 사회계층을 아우르는데, 이를 보더라도 설립자 호세마리아 신부가 견지했던 명확한 기준을 확인할 수 있다. **"정직한 사람이 살 수 있는 곳은 어디든 우리가 숨을 쉴 수 있는 공기를 찾을 수 있는 곳입니다! 그곳이 바로 '우리의 기쁨'과 '우리 내면의 평화'와 '사람들의 영혼을 그리스도께 데려가겠다는 우리의 열망'이 함께 있어야만 할 곳입니다. 그런 곳이 대체 어디냐고 여러분은 물을 것입니다. 전문직 종사자들 가운데 있나요? 육체노동자 가운데? 그들 중 어느 직업이 더 좋을까요? 제가 항상 하는 이야기를 여러분께 말씀드리겠습니다. 가장 좋은 일은 하느님을 사랑하는 마음으로 하는 일입니다. 그리고 여러분, 여러분이 자기 일을 하며 드러나지 않게 친구와 동료와 이웃을 도울 때, 여러분 자신이 곧 치유하시는 그리스도이고, 인류와 함께 계시는 그리스도인 것입니다."**

지식인들이 한 나라의 문화를 움직이는 특별한 영향력을 가졌다는 사실을 그는 잘 알고 있었다. 유명하건 그렇지 않건 간에 지식인들의 영향력은 엄청나다. 호세마리아 신부는 그들을 먼 산에 있는 만년설에 비유했다. 비록 눈덩이가 너무 멀리 있어 눈에 보이지 않지만, 눈덩이들은 꾸준히 물줄기를 내보내 들판을 적시고 열매를 맺도록 해준다. 그런 의미에서 지식인들은 세속적 현실과 사회 전체의 그리스도교화를 위한 핵심적 요소이다.

호세마리아 신부는 사라고사에서 법학을 공부할 당시부터 대학

세계와 계속 관계를 가져왔다. 그는 많은 젊은이가 대학교수의 길을 걸을 수 있도록 용기를 주었으며, 모든 사람이 각자의 분야에서 깊이 있게 연구하도록, 그리고 신앙에서도 마찬가지로 진지하게 연구하도록 격려했다.

1952년, 호세마리아 신부는 오랫동안의 기도로 준비해왔던 일에 착수했다. 스페인 북부 나바라 주의 주도(州都)에 있는 팜플로

1967년 10월 8일, 스페인 '나바라 대학교'에서 '열정적으로 세상을 사랑하며'라는 제목으로 강론하는 호세마리아 성인

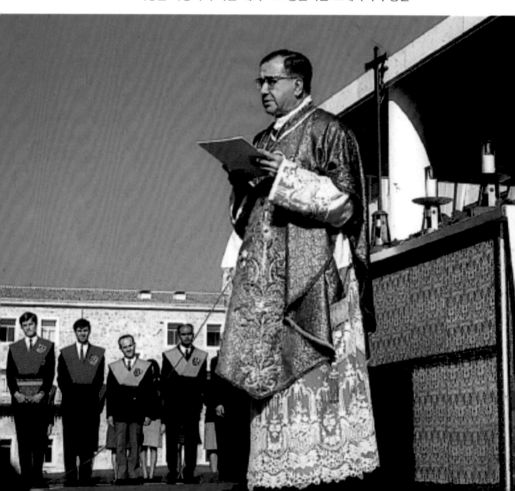

나에 '나바라 대학교'를 설립한 것이다. 그는 이 대학을 과학과 문화에 신앙의 빛을 깃들게 하는 중심지로 여겼다. **"신앙과 개별 학문 간에 간혹 레코드판이 깨지는 듯한 소리가 들립니다. 이를 두고 어떤 사람들은 신앙과 과학, 인간의 지식과 하느님의 계시 간에 빚어지는, 이른바 불협화음이라는 것을 부각하려고 합니다. 그러나 그런 불협화음은 – 겉으로만 불협화음으로 들릴 뿐이지만 – 문제의 필수적인 요소들을 이해하지 못했기 때문에 생기는 것입니다. 만약 세상이 하느님에게서 왔다면, 하느님께서 당신 모습과 닮게 인간을 만드시고 거룩한 빛을 그에게 주셨다면, 우리네 지성(知性)의 임무는 모든 피조물의 본성에 깃든 거룩한 의미를 밝혀내는 것이어야만 합니다. 오직 부단한 노력만이 이뤄낼 수 있는 일이지만 말입니다. 신앙의 빛으로 우리는 모든 피조물에 깃든 초자연적 목적을 감지할 수 있습니다. 이는 자연의 질서가 훨씬 더 높은 수준인 은총의 질서로 격상되기 때문입니다. 우리는 인간의 지식이 성장하는 것을 두려워할 필요가 없습니다. 왜냐하면 모든 지적인 노력은 그것이 진지하다면, 언제나 진리를 지향하고 있기 때문입니다."**

나바라 대학은 부지런히 학생들을 교육하며 학문 연구의 세계에 적극적으로 참여함으로써 신망을 얻기 시작했다. 1967년, 에스크리바 몬시뇰은 나바라 대학을 위한 캠퍼스 미사를 집전했다. 이 미사의 강론은 훗날 '열정적으로 세상을 사랑하며'라는 이름의 강론집으로 출간돼 유명해졌는데, 세속적 현실 안에서 성화(聖化)의 전망을 주목한 내용이었다.

"오푸스데이가 단체로서 장려하고 있는 일들도 이처럼 매우 세속적인(현세적인) 특징을 가질 수밖에 없습니다. 오푸스데이의 활동들은 교회의 공적인 사업이 아닙니다. 교회의 고위층을 대변하지도 않습니다. 오푸스데이의 사업들은 복음의 빛에 자신을 비추어 보고자하고, 자신 안에 그리스도의 사랑이 불타오르게 하려는 (일반) 시민이

나바라 대학교에서 열린 명예 박사 학위 수여식

성 호세마리아 에스크리바

행하는 인간적, 문화적, 사회적 활동의 산물입니다."

1969년, 호세마리아 신부의 사도적 지도 아래 페루에 '피우라 대학교'가 설립되었다. 피우라 대학교는 전 세계의 다른 대학기관들과 마찬가지로 적절한 절차에 따라 설립되었으며, 복음으로 계몽된 문화를 영구히 씨 뿌리는 역할을 수행하게 되었다.

호세마리아 신부는 또한 초등학교와 중등학교의 창설에도 결정적인 기여를 하였다. 이들 학교에서는 개별 학생들의 덕목을 개발하는 개인화 시스템에 따라 지적 양성교육이 영성적 성장교육과 동시에 이루어진다. 부모들은 초등교육자로서 맡겨진 사명을 수행함으로써 학교를 발전시키는 역할을 담당한다. 이러한 학교모델은 새로운 교육 철학을 열어주었으며 전 세계적으로 급속히 확산하였다.

이러한 교육 철학을 바탕으로 그는 농업학교와 직업훈련 및 상업기술 교육을 위한 센터, 개발도상국 여성의 기술력 향상을 돕는 학교, 그리고 병원과 진료소 등의 개설을 장려했다.

일(노동)의 성화(聖化)

"일이란 하느님의 창조사업에 참여하는 것이기 때문입니다. (…) 그리고 더 나아가, 그리스도께서 당신 손으로 직접 일을 하셨기 때문에 일은 우리에게 있어서 구원받음과 동시에 구원하는 현실이 되었던 것입니다. 일은 인간 삶의 배경일 뿐 아니라 거룩함으로 나아가는 방법이며 여정입니다. 일이란 거룩하게 되어야 함과 동시에 거룩하게 하는 그 무엇인 것입니다."

(그리스도께서 지나가신다, 47)

111

14장 제2차 바티칸 공의회

1959년 1월 25일, 요한 23세 교황은 '세계 공의회(제2차 바티칸 공의회)'를 소집해 온 세상을 놀라게 했다. 오푸스데이의 설립자는 희망에 가득 차 그 소식을 환영했고, 모든 사람에게 **"세계 공의회라는 이 위대한 시도가 행복한 성과를 맺도록 기도해달라."**고 부탁했다.

그의 영적 아들 중 몇몇도 공의회에 참여했는데, 그들 가운데는 호세마리아 신부의 가장 가까운 협력자 알바로 델 포르티요도 있었다. 공의회 회의에 참가하는 많은 신부가 호세마리아 신부를 만나 논의 중인 문제들에 관한 견해를 듣길 원했다.

공의회 회기(回期)가 끝날 때 그는 공의회의 가르침을 받아들고 크게 기뻐했다. **"제 가장 큰 기쁨 중 하나는 제2차 바티칸 공의회가 너무도 명확하게 평신도들의 거룩한 소명을 선언한 것입니다. 아무런 과장 없이 저는 이야기할 것입니다. 우리의 영성과 관련해 공의회는 어떤 변화로의 초대를 의도하지 않았습니다. 오히려 공의회는 하느님**

의 은총으로 우리가 오랜 세월 동안 살아오고, 또한 가르쳐온 것들을 확인시켜 주었습니다. 오푸스데이의 중요한 특징은 사도직 수행을 위한 기술이나 방법, 또는 어떤 남다른 조직이 아니라, 사람들을 감화해 각자의 '평범한 일상'을 성화(聖化)하도록 하는 영성입니다."

일부 예를 보면 호세마리아 신부의 가르침이 공의회의 교도권과 매우 밀접하게 맞닿아 있다는 사실을 알 수 있다. 제2차 바티칸 공의회의 '교회에 관한 교의 헌장[인류의 빛]'은 다음과 같이 선언한다. "따라서 어떠한 신분이나 계층이든, 모든 그리스도인이 그리스도교 생활의 완성과 사랑의 완덕으로 부름 받고 있다는 것은 누구에게나 자명한 일이다. 또한 그 성덕으로 지상 사회에서도 더욱 인간다운 생활양식이 증진된다." (제40항). 거룩함에 대한 보편적 소명은 오푸스데이의 설립자가 주는 가르침의 핵심이다. 예를 들어, 이미 1930년에 쓴 문서에서 그는 이렇게 명시하고 있다. **"거룩함이란 몇몇 특권층을 위한 것이 아닙니다. 하느님께서는 모든 사람을 부르셨습니다. 당신께서는 그 모든 사람, 그들이 어디에 있건, 그의 경력이나 직종, 직업이 무엇이건 간에 모든 사람으로부터 사랑을 기다리십니다."**

처음부터 그는 모든 신자가 사제적 영혼을 지니며, 이를 통해서 그리스도의 사제직에 참여한다고 가르쳤다. 1940년 3월 11일, 그는 문서에 이렇게 남겼다. **"사제적 영혼을 통해 거룩한 미사를 우리들 내적 삶의 중심으로 삼음으로써 우리는 하느님과 인간 사이에 계신 예수님과 함께하기를 추구합니다."** 제2차 바티칸공의회 문헌 '사제의 생활과 교역에 관한 교령[사제품]'은 다음과 같이 선언한다.

113

"주 예수님께서는 당신이 받으신 성령의 도유에 당신의 전 신비체를 참여시키셨다. 곧 주님 안에서 모든 신자는 거룩하고 임금다운 사제직을 수행하며, 예수 그리스도를 통하여 하느님께 영적 제물을 봉헌하고, 자신을 어둠에서 당신의 놀라운 빛 가운데로 불러 주신 그분의 힘을 널리 알린다. 그러므로 몸 전체의 사명에 참여하지 않는 지체는 하나도 없으며, 각 지체는 자기 마음에 예수님을 거룩히 모시고 예언자의 정신으로 예수님을 증언하여야 한다" (제2항).

이는 모든 신자들이 세례 때 거룩하게 축복되었기 때문에 사도직에 직접 헌신하게 됨을 뜻한다. 제2차 바티칸 공의회 문헌 '평신도 사도직에 관한 교령[사도직 활동]'은 이렇게 명시하고 있다. "교회는 모든 지체를 통하여 여러 가지 방식으로 이 사도직을 실천한다. 사실 그리스도인의 소명은 본질적으로 사도직을 위한 소명이다" (제2항). 제2차 바티칸 공의회가 명시한 이러한 진리는 오푸스데이가 설립될 때부터 생명과도 같은 확실한 원칙이었다. 이러한 내용이 잘 기록되어 있는 한 문서가 발견되었는데, 1932년 호세마리아 신부가 작성한 것이었다. **"교회의 사도직을 수행하면서, 일반 신자들이 사제들을 돕는 일 이외에 자신들은 아무것도 할 수 없다며 스스로를 가둬버린다면, 그것은 편견입니다. 이 같은 편견은 반드시 없어져야만 합니다. 평신도 사도직이 어떤 특권층의 사도직에 단순히 참여해야 할 이유는 없습니다. 평신도들에겐 스스로 사도직을 수행해야 할 의무가 있습니다. 그들이 교회법적인 임무를 받았기 때문이 아니라, 그들 자신이 교회의 지체인 까닭입니다. 그들은 이 임무를 자신들의 직업과 가정, 동료들과의 관계, 그리고 친교를 통해 수행합니다."**

오푸스데이의 설립자가 제2차 바티칸 공의회 중에 무엇을 했는지 누군가 묻는다면, 이렇게 말할 수 있을 것이다. 그는 공의회에 참가한 모든 이들과 함께, 교회를 성령께서 인도해주시도록 수많은 기도와 고행을 드렸으며 그의 모든 영적 아들과 딸들에게도 같은 일을 재촉했다.

공의회 기간 중이었던 1965년 11월, 바오로 6세 교황은 수천 명의 사람들과 수많은 공의회 참가자들, 그리고 호세마리아 에스크리바 몬시뇰이 지켜보는 가운데 로마 인근 티부르티노에서 '엘리스 센터 (Centro ELIS)'의 개관을 선포했다. 엘리스 센터는 로마 변두리에서 일하는 젊은이들의 교육을 위한 시설이었는데, 당시 그 일대는 매우 낙후된 지역이었다. 원래 요한 23세 교황이 그 임무를 오푸스데이에 맡겼었다. 바오로 6세 교황은 이 살아 있는 신앙의 증거를 보고 "여기 있는 모든 것이 하느님의 사업"이라고 외쳤다.

호세마리아 신부는 나중에 이렇게 털어놓았다. **"저는 깊이 감동했고, 또한 언제나 그렇게 깊은 감동을 받아왔습니다. 비오 12세 교황님과 요한 23세 교황님, 그리고 바오로 6세 교황님께 말입니다. 왜냐하면 제겐 믿음이 있으니까요."**

공의회와 성성(聖性:거룩함)

"그러므로 우리는 제2차 바티칸 공의회가 교회의 신비를 가르칠 때, 거룩함에 대한 이 가장 중요한 표시를 특별히 강조했다는 사실에 놀라면 안 됩니다. 이 같은 표시는 다른 것들과도 긴밀하게 결합되어 있습니다. 또한, 우리는 바티칸 공의회가 각자의 여건이나 사회계층과 관계없이 모든 그리스도인을 그리스도인다운 삶의 충만함과 자비의 완성으로 거듭 초대하고 있다는 사실에 대해서도 놀라지 말아야 합니다. 거룩함을 향한 이러한 부르심은 공의회 전체 가르침의 가장 중요한 요소인 동시에 궁극적인 목표로 간주하는 것입니다."

(바오로 6세 교황 자의교서, 1969년 3월 19일)

1967년 11월 21일, 로마에서 엘리스 센터(Centro ELIS)의 개관을 선언하는 바오로 6세 교황

15장 고난의 시간 (1971~1973년)

1971년 12월 22일, 아름답고 고풍스러운 복되신 성모상이 빌라 테베레에 도착했다. 거의 실물 크기로 만든 목조 조각품이었는데, 안타깝게도 시급한 복원작업을 필요로 하는 작품이었다. 이탈리아인 영적 아들과 딸들이 오푸스데이의 설립자에게 보낸 선물이었다. 성모상을 바라보던 호세마리아 신부는 사랑 넘치는 목소리로 어느 성당에서 철거된 성모상인지 물어보았다. 그는 가능한 한 빨리 이 성모상을 복원하도록 요청했으며 복원작업이 끝날 때까지 적합한 장소에 성모상을 모실 것을 부탁했다. 그리고 갓 꺾은 꽃들을 성모상 발아래 두도록 했다. 그는 교회에서 없어져 가는 모든 표상을 이런 식으로 복원하고 싶었다. 사라진 고해소와 무시당하는 성체, 공격받는 교의(教義)와 조롱당하는 순명(順命), 그리고 시들어버린 경건함을 모두 되돌리고 싶었다.

참으로 고난의 시간이었다. 제2차 바티칸 공의회 이후 공의회 문헌에 대한 독단적이고 의심스러운 해석들이 쏟아져 나왔다. 이른바 공의회 정신에 호소함으로써 자기 주장을 정당화하려는 사람들도 늘어났다.

호세마리아 신부는 일 년 전체의 좌우명을 교회 전례력의 첫 페이지에 한 문장으로 적어 넣는 습관이 있었다. 1970년 새해 전례력에 그는 이렇게 썼다. **"복되신 마리아님의 전구로 우리가 신앙 안에서 굳세어지게 하소서!"** 하지만 그는 내심 마음이 찢어지는 듯했다. 바오로 6세 교황은 현금의 사태에 경악하면서 교회 분열과 교회 안에 스며드는 사탄의 연기(煙氣)의 징후들을 강하게 비난했다. 호세마리아 신부는 자신을 따르는 이들을 슬프게하고 싶지는 않았지만, 때때로 그들에게 솔직히 말했다. **"저는 매우 고통스럽습니다. 나의 영적 자녀들이여, 우리는 광기의 시대에 살고 있습니다. 수백만의 사람들이 혼돈에 빠져 있습니다. 엄청난 위험이 도사리고 있습니다. 실제로 모든 성사(聖事)들이 그 진정한 본래의 뜻을 잃어버리고, 하느님의 율법이 주신 계명들마저도 선악을 판단하는 본래의 의미를 상실할 것입니다."**

그런 다음에 그는 영적 자녀들을 위로했다. **"여러분은 교회가 결코 죽지 않을 것이라는 사실을 잘 알고 있습니다. 왜냐하면 우리 주님께서 그렇게 약속하셨고, 당신의 말씀은 결코 틀리는 법이 없기 때문입니다. 그럼에도 불구하고 저는 상황이 매우 나쁘게 돌아가고 있다고 여러분에게 말해야만 합니다. 만약 사실대로 이야기하지 않으면 저는 결코 좋은 목자가 되지 못할 것이기 때문입니다. 저는 여러분을 고통스럽게 하는 대신 여러 차례 저 혼자 아픔을 견뎠습니다."**

"목자가 양들을 걱정할 때, 늑대를 막기 위해 개들을 풀어놓고, 독초가 난 땅을 쳐다보지 않고 영양이 풍부한 잎들을 찾아서 뜯게 할 때, 양 떼는 좋은 모습을 유지합니다. 인간의 영혼에게도 같은 일이 일어납니다. 우리는 짖지 않는 양치기 개와 같은 목자를 필요로 하지 않습니다. 왜냐하면 짖지 않는 개는 쓸모가 없기 때문입니다. 개들은 위급한 상황을 알리기 위해 짖어야 합니다." 호세마리아 신부는 교황이 맞닥뜨린 반역적 상황을 설명하면서 이렇게 말했다. "지금의 교황님과 그 다음에 오실 교황님을 위해 열심히 기도합시다. 다음 교황님은 즉위 첫날부터 순교자가 되셔야 할 것입니다." 그는 자신의 영적 자녀들에게 긴 편지를 보내 이렇게 촉구했다. "교황의 권위에 도전하는 어떤 공격도 막아내야만 합니다. 교황의 권한은 하느님 이외에는 누구도 제한할 수 없습니다."

"기도해야 할 시간..." 호세마리아 신부는 당시를 이렇게 정의했다. 그 어느 때보다 기도가 필요한 고통의 세월이었다. 1970년, 그는 수천 개의 묵주를 사서 그에게 찾아오는 사람들에게 하나씩 나눠주었다. 그러면서 교회를 위해 기도해달라고 부탁했다. 그때야말로 시험의 시간이 짧아질 수 있도록 교회의 어머니께 의지해야 할 시기였다. 그는 성모성지 순례에 잇따라 나섰다. 그의 가슴속 슬픔은 오직 굳센 초자연적 희망과 그가 가진 천성적으로 선한 기질 덕에 누그러질 수 있었다.

그는 이베리아 반도로 성모성지 순례를 떠나기 전에 자신의 영적 자녀들에게 편지를 썼다. "저는 복되신 동정 마리아의 성지 두 곳을 찾을 겁니다. 저는 12세기의 순례자들처럼, 그들 같은 사랑과 단순

1972년 11월, 파티마를 방문한 호세마리아 성인

함, 그리고 그들 같은 기쁨으로 순례할 것입니다. 성모성지에서 저는 세계를 위해, 교회를 위해, 그리고 교황과 하느님의 일을 위해 기도할 겁니다. 기도와 미사 안에서 저와 함께해주기를...” 1970년 4월, 그는 파티마와 토레시우다드에 갔다. 토레시우다드는 1904년 성인이 병에서 기적적으로 회복됐을 때 어머니가 그를 데려갔던 성지이며, 그의 노력에 힘입어 대형 성지로 확장하는 작업이 막 시작된 곳이었다.

그는 교회에 대한 걱정 외에 오푸스데이가 교회법적으로 확고한 지위를 얻는 일에 몰두하고 있었다. 호세마리아 신부는 1947년 오푸스데이에 대한 교황청의 첫 승인이 이루어진 그때부터 줄곧 ‘재속회’라는 지위가 불충분하다고 생각해왔다. 그러나 오푸스데이라고 하는 새로운 현상에 신학적·사목적으로 들어맞는 교회법적 틀이 발견될 때까지는 이를 받아들일 수밖에 없었다. 새로운 가능성은 제2차 바티칸 공의회에 의해 열렸다. 공의회는 특별히 ‘성직자치단’을 위한 교회법상의 규칙 분야에서 진전을 이루어냈다.

호세마리아 신부는 이런 걱정을 안고 1970년 5월 멕시코의 과달루페 성모성지를 방문했다. 그는 교회와 하느님의 일을 위해 기도하면서 과달루페 성모님께 9일기도를 올렸다. 그는 성지를 마주보는 작은 발코니에 꿇어앉아 묵주기도를 바치며 어린아이 같은 믿음으로 성모님께 큰 소리로 이야기했다. “성모님, 제 가슴속에 있는 가시들을 당신께 가져다 드리겠습니다. 그 외에 다른 것은 아무것도 없습니다. 하지만 저는 확신합니다. 만약 성모님과 함께라면 그 가시들이 장미로 변하리라고 말입니다. 그러니 사시사철 꽃피는 작은 장미꽃을 우리 가슴속에 가지게 하소서. 일상의 삶이라는 장미, 평범한 장미, 그러나 희생과 사랑의 향기로 가득 찬 장미꽃을 피우소서. 저는 일부러 작은 장미라고 말씀드렸습니다. 왜냐하면 그게 저에게 더잘 어울리기 때문입니다. 제 인생을 통틀어서 저는 평범한 일밖에 할 수 없습니다. 그런데도 저는 자주 그 일조차 완수하지 못합니다. 하지만 저는 그것이 매일매일의 제 일상적 행동 안에 있다고 확신합니다. 당신과 아드님께서 저를 기다리고 계시다고 확신합니다."

아르헨티나 루한 성모성지에서 기도하는 호세마리아 성인

요점을 바꿔서 그는 계속 기도했다. "제가 여기 있습니다. 당신은 모든 것을 하실 수 있기 때문입니다. 사랑하시기 때문입니다. 어머니, 우리의 어머니, 우리가 당신 자녀가 되는 길을 가로막는 모든 것으로부터 우리를 지켜 주소서. 당신의 길에 걸림돌이 되고, 우리의 소명을 망치려는 모든 것들로부터 우리를 지키소서. 성모 마리아시여, 아버지 하느님의 따님이시여, 성자의 어머니시여, 성모 마리아시여, 성령의 배필이시여, 성모 마리아시여, 삼위일체의 성전이시여, 하느님 말고는 당신보다 위대할 수 없습니다. 저희에게 당신이 저희 어머님이심을 보여 주소서! 당신께서 하실 수 있는 일을 보여 주소서."

교황을 위로하기 위해 호세마리아 신부는 알현을 요청했고, 1973년 6월 25일에 만남이 이뤄졌다. 그는 교황에게 아무런 부탁도 하지 않았다. 다만 약간의 기쁜 소식을 전해 주었다. 수천 명이 충실하게 하느님의 일에 참여하고 있으며, 많은 직업인들이 사제가 되기 위해, 문자 그대로 100% 사제가 되기 위해 서품을 받았고, 세계 여러 곳에서 오푸스데이의 사도직이 꽃피고 있다는 소식을 전했다. 바오로 6세 교황은 이 기쁜 소식을 알아들었고 감사했다.

여행하는 관상가(觀想家)

"그가 가진 두드러진 성격적 특징은 활동가로서의 비범한 능력뿐만 아니라, 무엇보다도 평생을 이어온 기도와 하느님과의 항구적 일치였다. 기도와 일치는 그를 '여행하는 관상가(觀想家)'로 만들었다. 자신이 받은 재능을 충실하게 행동에 옮김으로써 그는 가장 일상적 상황에서 구현되는 영웅적 행위의 본보기를 선사했다. 그는 한결같이 기도하는 삶을 살았고, 심장 박동처럼 끊어지지 않는 고행을 실천했다. 혼잡한 일상의 한가운데서 하느님과 하나 되는 최고의 경지를 이뤄 당신의 변치 않는 현존을 보았고, 치열하게 인내하며 일했다. 그렇게 함으로써 영웅적 행위의 모범을 보인 것이다."

(영웅적 덕행에 대한 교령, 1990년 4월 9일)

16장 교리 교육 여행

1970년, 오푸스데이의 설립자는 교리교육 여행을 위해 여러 나라로 떠나기로 마음먹었다. 신자들 사이에 의심과 불확실성이 퍼지면서, 이제는 최선을 다해 더 많은 사람에게 교회의 정통 가르침을 선포해야 할 때였다. 그렇게 함으로써 신자들의 신앙을 더욱 굳세게 해야만 했다. 교리교육을 할 때 그가 즐겨 사용했던 방법은 일종의 개인적 접촉이었다. 개인적 접촉이란 그의 교육을 들으러 오는 사람들의 수(數)와 관계없이 참석한 사람들 각자 한 사람 한 사람을 위한 교육법이었다. 묻고 대답하며, 농담하고 기도하며, 이야기를 들려주고, 큰 소리로 단호하게 진리를 선포하는 것이었다.

그의 교리교육 여행은 과달루페 성모성지 순례와 함께 1970년 멕시코에서 처음 시작되었다. 그는 각계각층의 단체들과 만났다. 그들 중 일부는 오푸스데이 회원들이 농업학교를 세운 모렐로스 출신의 시골 사람들이었다. 호세마리아 성인은 그들에게 말했다. **"여러분도 우리도 모두 여러분의 현재 처지를 개선하는 데 관심이 있으니, 여러**

분은 이 상황에서 벗어날 수 있을 것입니다. 여러분은 재정적 부담을 갖지 않아도 됩니다. 또한 우리는 여러분의 아이들이 다양한 문화를 습득할 수 있도록 최선을 다할 겁니다. 우리의 관계에서 성공적으로 이뤄낼 수 있는 모든 것들을 여러분은 보게 될 것입니다. 그래서 재능이 있고 공부하기를 원하는 사람들은 성공할 수 있을 것입니다. 처음에는 그런 사람들이 많지 않겠지만, 시간이 갈수록 점차 늘어날 것입니다. 어떻게 우리가 그 일을 해낼 수 있을까요? 마치호의를 베푸는 것처럼? 아닙니다. 여러분, 그렇지 않습니다. 방금 제가 우리 모두 평등하다고 말하지 않았습니까?"

1972년, 그는 스페인과 포르투갈 도시들을 연이어 순회하기 위해
두 달의 시간을 내었다. 그의 일정은 늘 다양한 회의들로 가득했고,
그중 많은 부분이 촬영돼 기록에 남았다. 촬영된 필름엔 호세마리
아 신부가 항상 활력 넘치는 모습으로 나와서 잘 알 수 없지만, 실제
로는 정말로 기진맥진할 정도로 힘든 여정이었다. 교리시간에 나온
질문들은 굉장히 변화무쌍했지만, 그는 품위 있고 사려 깊게, 그리
고 교리교사답게 간단명료하게 대답했다. 그러나 그 대답 속엔 신학
자로서 주는 가르침과 성인과도 같은 신앙이 가득 담겨 있었다. 사
람들은 그에게 성사와 성모공경, 기도, 가정생활 등에 관해 물어보
았다. 질문 중 대부분이 신자들의 영혼에 혼란의 흔적을 남기며 널
리 논쟁거리가 되어온 물음들이었다.

"성경에 나와 있듯이, 제자들은 예수님과 함께 있을 때 모든 것에 관해 이야기했습니다. 우리의 모임 또한 신자들에게는 복음적인 느낌을 주었을 것입니다. 집에서 이야기를 나누듯 화기애애한 방식으로 예수 그리스도의 가르침에 관해 이야기하는 모임이죠. 오푸스데이가 위대한 교리교육이라고 제가 이야기할 때, 그것이 결코 부풀려 말한 게 아니라는 것을 여러분은 알게 될 것입니다."

그는 청중에게 '뻔뻔하고 무례한 질문'을 하도록 부탁했고, 몇몇 사람들은 그의 말을 곧이곧대로 따랐다. 한 교리교육 참가자가 그에게 질문했다.

"신부님은 영성체 후에 감사의 시간을 어떻게 지내시나요?"

"이 분은 제가 공개적으로 고백하기를 원하시는군요."

1970년, 교리교육 여행 중 현지인들과의 만남

호세마리아 신부는 이렇게 답하며 이야기를 이어갔다. 영성체 후 감사의 시간을 정오까지 늘려서 지내려고 노력하고 있으며, 그 후 다음 날 미사 준비를 시작한다고 대답했다. 그 질문을 던진 사람은 진지하게 생각할만한 제안을 받은 셈이었다.

"신부님, 교사가 가져야 할 가장 중요한 미덕이 뭐라고 생각하시나요?"

"모든 미덕이 필요하지만, 무엇보다 학생들에게 성실한 태도를 자주 보여주어야 합니다."

"신부님, 신앙을 잃었다고 주장하는 친구들이 다시 신앙을 회복하도록 도우려면 어떻게 해야 할까요?"

"그들이 만약 진정한 신앙이 있었다면, 아마도 그들은 신앙을 잃지 않았을 것입니다. 지금 그들의 신앙 바로 위에 신앙을 보이지 않게 만드는 껍데기가 하나 덮여 있을 것이고, 그 위에는 또 다른 껍데기들이 씌어 있을 겁니다. 무관심과 잘못된 독서, 그리고 아마도 좋지 않은 습관과 나쁜 영향이라는 껍데기 말입니다. 무엇보다 먼저 기도부터 드리라고 충고 드립니다."

"신부님, 어떤 사람들은 아이 때부터 모든 종교에 관해 가르쳐야 아이들이 나중에 성장했을 때 선택할 수 있다고 말하는데요."

이처럼 놀랍도록 자발적인 질문과 대답들이 계속 이어졌다. 그 몇 주 동안 호세마리아 신부의 강론을 들은 사람은 15만 명을 넘어섰다. 그는 모든 도시에서 현지에 있는 봉쇄수도원을 방문하고자 했다. 수도성소에 대한 자신의 사랑을 표하고 기도를 부탁하기 위해서였다. 또한 찾아간 지역에서 가장 중요한 성모성지들을 순례했다.

1974년 5월과 8월 사이에 그는 남아메리카의 브라질, 아르헨티나, 칠레, 페루, 에콰도르, 베네수엘라 등지를 여행했다. 그는 교회와 교황에 대한 사랑 안에서, 그리고 교도권에 대한 순명 안에서 다시 한번 신자들의 영혼을 굳세게 하고자 노력했다. 여행 구간마다 현지인들과 만나는 수많은 모임이 열렸고, 기록영상에서도 잘 나타나듯이 매번 성황을 이뤘다. 페루에서는 심한 기관지염 때문에 침대에 누워 있어야 했다. 의사들은 우려를 표했지만, 몸이 완전히 회복되지 않은 상태에서도 그는 다시 강론을 시작했다. 8월 1일, 에콰도르에서는 심한 고산병을 앓았다. 의사들은 그에게 모든 활동을 연기하라고 처방했지만, 그는 에콰도르에서도, 다음 방문지인 베네수엘라에서도 본인의 의지를 굽히지 않았다. 심지어 고열로 고생할 때도 최소한 몇 개의 모임에 함께했다. 1975년 2월, 그는 베네수엘라와 과테말라를 방문하기 위해 서반구(西半球)를 다시 찾았다. 이 마지막 여정에서 그는 또다시 병에 걸렸다. 아무런 힘도 더 이상 남아 있지 않았다. 그는 여행

1975년, 교리교육 여행 중인
호세마리아 성인

의 일정을 줄여야만 했다. 그 와중에 가진 모든 모임에서 호세마리아 신부는 회개의 필요성에 관해 깊이 생각했다. 그는 고해성사를 자주 드리고 성사에 의지하라고 강조했다. 만약 한 사람이라도 고해성사를 드려야겠다는 영감을 받았다면, 자신은 이 여행 기간을 매우 잘 보낸 것이라고 말했다.

131

교회를 위한 사랑

"모든 교회에 대한 염려가 나를 짓누릅니다." 하고 성 바오로는 썼습니다. 그리고 사도의 이 한숨은 예수 그리스도의 신부인 성 교회의 발아래 모든 것을 갖다 놓고, 생계는 물론 명예와 목숨까지 바쳐서라도 교회를 충실히 사랑해야 하는 책임을 모든 그리스도인에게 일깨웁니다. 물론 그대에게도!"

(사랑의 담금질, 584)

una gran mi-
sión nuestra
es hacer amar
a los religiosos

호세마리아 성인의 육필(肉筆)
"우리의 위대한 사명 중 하나는 사람들이 수도자들을
사랑하게 만드는 것입니다."

17장 저는 당신의 얼굴을 찾습니다

1975년 3월 28일, 호세마리아 신부는 50년간의 사제직을 마무리했다. 그는 어떤 축하도 원하지 않았고, 성금요일이었던 그날을 회상과 기도로 지내고자 했다. 그는 모든 영광을 예수 그리스도께 돌리기 위해 자신이 삶의 원칙으로 정한 '숨어서 사라지는 삶'을 계속 이어갔다. 사제직 정년(停年) 전날 성전에서 하느님께, 그리고 함께 한 그의 영적 아들들에게 마음을 열고 큰 소리로 기도했다.

"50년이 지났지만, 저는 아직도 옹알이하는 어린아이와 같습니다. 저는 이제 막 시작하고 있습니다. 제 내적 삶의 모든 날이 항상 그랬듯이 저는 또다시 시작하고 있습니다. 그리고 마지막 날까지 그렇게 살아갈 것입니다. 뒤를 돌아보면 제 인생은 정말 엄청난 파노라마입니다. 수많은 슬픔과 수많은 기쁨이 있었지만, 지금 돌아보면 모든 것이 기쁨입니다. 왜냐하면 슬픔이란 거룩한 하느님의 끌질이라는 사실을 경험이 가르쳐주고 있기 때문입니다. 그 거룩한 예술가께서는 우리들 한 사람 한 사람을, 우리라고 하는 이 형체도 없는 덩어리를 깎아서 십자가로 만들고, '또 다른 그리스도'로 만들고 싶어 하십니다. 우리들 각자가 '또 한 명의 그리스도'로 불리기를 원하시는 것입니다."

"나의 주님, 모든 것에 감사드립니다. 참으로 감사드립니다! 저는 늘 당신께 감사했습니다. 그리고 지금 많은 입술과 많은 가슴들이 당신께 같은 외침을 되뇌고 있습니다. 하느님, 당신께 감사드립니다. 왜냐하면 우리는 오직 감사할 이유밖에는 가지고 있지 않기 때문입니다."

"우리는 어떤 것도 두려워해서는 안 됩니다. 어떤 것도 우리를 걱정하게 해서는 안 됩니다. 우리는 어떤 일에도 결코 마음의 평화를 잃어서는 안 됩니다. 주님, 제 영적 자녀들에게 마음의 평화를 주옵소서. 설령 그들이 심각한 실수를 저질렀다 하더라도 마음의 평화를 잃지 않게 하소서. 만약 그들이 잘못을 저질렀다는 것을 깨닫는다면, 그 자체가 이미 은총이자 하늘로부터 내려주신 빛인 것입니다. 하느님, 당신께 감사드립니다! (Gratias tibi, Deus, gratias tibi!) 우리들 한 명 한 명의 삶은 감사의 찬송이 되어야 합니다. 오푸스데이가 어떻게 생겨났는지 보십시오. 주님, 당신께서는 한줌의 쓸모없는 것들로부터 모든 것을 이루셨습니다. '하느님께서는 이 세상의 어리석고 약한 것을 선택하셨다.' (Stulta mundi, infirma mundi, et ea quae non sunt.) 라고 하신 바오로 사도의 가르침이 문자 그대로 이뤄진 것입니다. 당신께서는 지극히 비논리적이며 전혀 어울리지도 않는 도구를 택하여 쓰셨습니다. 그리고 하느님의 일을 전 세계에 퍼뜨리셨습니다. 유럽전역에서, 아시아와 아프리카

곳곳에서, 그리고 전 미국과 오스트리아 지역에서 수많은 사람이 당신께 감사드리고 있습니다. 세상 모든 곳에서 주님께 감사하고 있는 것입니다."

그때쯤 그의 시력은 심각하게 나빠졌지만, 가장 가까운 사람들만 그 사실을 알 수 있을 정도로 그는 자연스럽게 어두워진 시력에 적응했다. 그는 다시 한 번 젊은 시절 자신의 소망을 이야기하기 시작했다. **"주님, 제가 다시 볼 수 있게 해주십시오!"** (Domine, ut videam!) (루카 18, 41). 그러나 이번엔 젊었을 때와는 또 다른 새로운 의미를 기도에 담았다. 3월 19일, 그는 예수님께 혼신의 힘을 다해 기도했다. **"주님, 저는 더 이상 할 수 없습니다. 그렇지만, 제 영적 자녀들을 위해 저는 더욱 강해져만 합니다. 저는 지금 3m 앞도 볼 수 없지만, 미래를 들여다봐야만 합니다. 제 영적 자녀들에게 길을 제시해야만 합니다. 당신께서 저를 도와주소서. 나의 그리스도님, 사랑하는 예수님, 당신의 눈으로 저를 보게 하소서."**

5월, 오푸스데이의 설립자는 토레시우다드 성모성지를 방문하는 그의 마지막 여행을 거의 끝내가고 있었다. 그는 제대 뒤편의 장식벽(裝飾壁)을 바라보며 깊은 묵상에 잠겨 있었다. 성모님의 일생을 담은 조각들이었다. 장식벽의 한가운데, 위에서 바닥 쪽으로 감실과 십자가에 처형당하시는 예수님, 그리고 오랫동안 공경 받아온 토레시우다드의 성모님의 모습이 자리했다. 이즈음 몇 달 동안 그는 자주 자신의 열망을 되풀이해 말했다. **"저는 당신의 얼굴을 찾습니다. 주님, 저는 진실로 당신과 얼굴을 마주 보며 직접 뵙기를 간구합니다. 당신의 얼굴을 감탄하며 바라보고 당신을 묵상하기를 갈망합**

니다. 주님! 저는 너무도 당신을 사랑하며 당신을 뵙기를 간절하게 바랍니다."

1975년 6월 26일, 그는 여느 때처럼 일찍 일어나 항상 그랬듯이 30분 정도 기도를 하고, 8시쯤 미사를 집전했다. 이어서 짧은 아침 식사 후 그는 '어떤 특별한 인물'에게 이야기를 전해달라고 함께 있던 사람들에게 부탁했다. **"저는 몇 년 동안 교회를 위해, 그리고 특별히 교황님을 위해 미사를 드려왔습니다. 오늘은 바로 교황님을 위해 주님께 제 목숨을 봉헌하는 날입니다."**

오전 9시 30분, 그들은 카스텔간돌포로 떠났다. 그곳에서 로마 성모 마리아 대학교에 다니는 그의 영적 딸들과 가족적인 양성모임을 가질 예정이었다. 그날은 유독 더운 날이었다. 카스텔간돌포로 가는 동안 그들은 묵주기도를 바쳤고 즐겁게 대화를 나누었다. 호세마리아 성인은 목적지에 도착하자마자 젊은 여성들에게 말했다.

"여러분은 사제적 영혼을 가지고 있습니다. 제가 여기 올 때마다 말했던 대로 되풀이해서 이야기하겠습니다. 사제가 아닌 여러분의 형제들 또한 사제적 영혼을 가지고 있습니다. 이 사제적 영혼으로 여러분은 도움을 줄 수 있고, 또한 그래야만 합니다. 주님의 은총으로, 그리고 하느님의 일을 하는 사제들의 사목에 발맞춰 우리는 효과적으로 일할 것입니다. 여러분이 하는 모든 일 안에서 여러분은 하느님께, 복되신 성모님께, 요셉 성인께, 우리의 아버지와 주님께, 그리고 우리의 수호성인들께 이야기할 수 있는 이유를 찾게 된다고 저는 생각합니다. 우리 어머니인 교회를 도와 달라고 말입니다. 교회는 지금 큰 어려움에 처해 있습니다. 이 시대, 이 세상에서 정말로 고난의

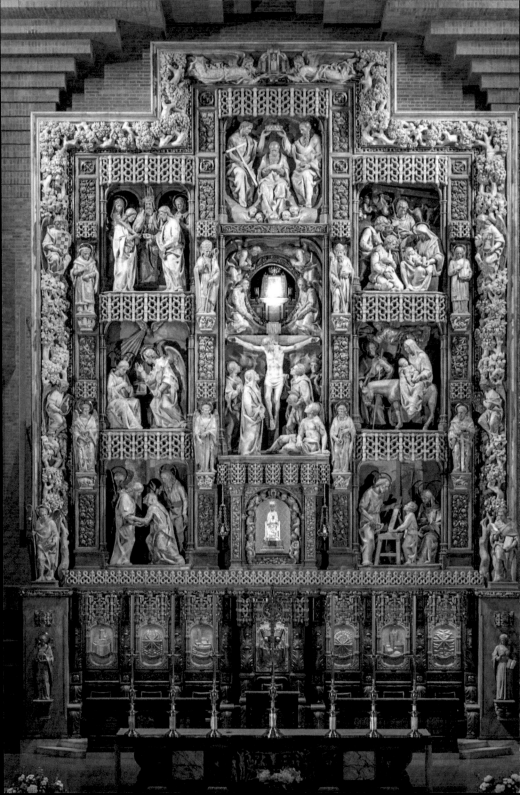

토레시우다드 성모성지에서 제대화를 묵상하는 호세마리아 성인

시간을 겪고 있습니다. 우리는 교회를 힘껏 사랑해야 합니다. 또한 그가 누구든 교황을 참으로 사랑해야 합니다. 교회와 교황을 위한 우리의 봉사가 결실을 맺을 수 있도록 우리 주님께 간청해주십시오.”

20분 정도가 흐르자, 호세마리아 신부는 통증을 느꼈다. 그는 알바로 델 포르티요 신부, 하비에르 에체바리아 신부와 함께 빌라 테베레로 돌아왔다. 그들은 감실에 계신 주님께 경배한 뒤 호세마리아 신부의 집무실로 향했다. 막 문턱을 넘어서면서 그는 사랑스런 눈길로 성모상을 쳐다봤다. 그리고 하비에르 신부에게 말했다.

“하비, 나 몸이 좋지 않아.”

그는 그대로 바닥에 쓰러졌다. 1970년, 멕시코에 머무는 동안 그는 멕시코 인디언 후안 디에고에게 장미를 건네시는 과달루페 성모님의 모습을 묵상했다. 그는 자신에게 꽃 한 송이를 주시는 복되신 어머니를 바라보면서 죽고 싶다고 말했었다. 빌라 테베레에 있는 그의 집무실에 과달루페 성모상이 있었는데, 지상에서 그가 마지막으로 바라본 것이 바로 그 과달루페 성모상이었다.

호세마리아 성인의 마지막 눈길이 머물렀던 과달루페 성모상

18장 더 많이 돕겠습니다

제의를 입은 그의 시신이 평화의 모후 성모 마리아 성당인 '산타 마리아 델라 파체 성당'의 제대 아래에 놓였다. 호세마리아 신부의 영적 아들과 딸들이 그의 곁에서 쉬지 않고 돌아가며 밤샘기도를 했다. 깊은 슬픔 속에서 그들은 말년에 그가 자주 했던 이야기를 떠올렸다.

"저는 이제 여기서 불필요한 사람입니다. 하지만 제가 하늘나라에 가서 더 많이 도와주겠습니다. 여러분은 저보다 일을 더 잘할 방법을 알게 될 것입니다. 저는 이제 필요 없는 사람입니다." 그의 선종 소식은 로마와 전 세계에 긴급히 전해졌다. 빌라 테베레에는 조문객이 끊임없이 줄을 이었다. 호세마리아 신부의 얼굴에는 형언할 수 없는 평화가 넘쳤다. 고인에게 존경을 표하는 인파 속에는 추기경과 주교들도 있었다.

로마에서 거행된 장례식과 전 세계적으로 봉헌된 위령미사는 슬픔과 기쁨, 그리고 회개가 어우러진 특별한 순간이었다. 그것은 한 사제의 죽음인 동시에 한 성인의 죽음이었다.

그가 거룩한 사람이라는 평판은 그의 생전에, 이미 호세마리아 신부의 사목 첫해부터 자리잡았다. 그의 곁에 있었던 이들은 누구나 하느님의 현존하심을 느낄 수 있었다. 호세마리아 신부라는 사람 자체가, 그의 존재 전체가 하느님에 관해 말하고 있었다. 그와 함께 있으면 누구나 우리 주님께 이끌리는 느낌을 받았다. 그는 수많은 군중으로 붐비는 모임에서도 어떻게든 자신에게 관심이 쏠리게 하지 않으려고 애썼다. 실제로 그는 항상 주목받았지만, 사람들의 마음을 예수 그리스도께 돌림으로써 자신은 관심의 중심에서 벗어나려 했다. 그가 집전하는 미사에 참여한 수많은 사람이 "하느님과 사랑에 빠진 사제가 여기 있구나!"하는 생각을 하며 감동받았다.

1938년부터 1945년까지 스페인 전역에서 그가 강론한 피정에 참가했던 사제와 신학생들은 '그 거룩한 사제'에 의해 전해진 하느님 사랑의 열렬한 불길을 평생 잊을 수 없는 기억으로 간직했다. 오푸스데이의 초창기 몇 년간 하느님의 일의 영성을 이해하고, 호세마리아 성인을 보호했던 마드리드의 레오폴도 에이호 이 가라이 대주교는 이렇게 말한 것으로 알려졌다. **"하느님께 심판받을 때, 제가 호세마리아 신부를 도운 것이 하느님을 위한 일을 했다는 자격증이 되길 바랍니다."**

초기에 그를 알았던 지인(知人)들은 호세마리아 신부의 삶이 보기 드물게 거룩했다고 확신했고 이를 다른 사람들에게 증언했다. 1946년, 호세마리아 신부가 로마에 정착했던 때부터 전 세계에서 수많은 사람이 그의 이야기를 듣기 위해 찾아왔다.

그들은 하느님께서 호세마리아 신부를 통해 자신들에게 말씀하셨다고 확고하게 믿었다. 사람들은 온갖 종류의 바람과 지향(指向)을 그에게 부탁했고, 그가 미사 중에 기억하겠다고 약속하면 안심했다. 드물기는 했지만, 사람들은 그의 주위에 몰려들어 귀를 기울이고, 그의 손에 입을 맞추거나 성물로 간직해온 종교적 물건들을 내밀며 축복해달라고 부탁했다.

마지막 교리교육 여행에서 보여주었듯이, 그의 명성은 시간이 갈수록 점점 높아갔다. 항상 하느님에 관한 이야기를 하면서도 그는 특유의 소박함과 신뢰를 바탕으로 강론을 시작하자마자 화기애애한 가족적인 분위기를 만들어갔다. 선종 이후 그에 대한 공경은 급속도로 퍼져나갔다. 매년 그의 기념미사 때마다 전 세계 수많은 도시에서 그를 위해 기도하는 군중과 그의 무덤에 참배하기 위해 끝없이 이어지는 순례자들이 이러한 사실을 잘 보여준다. 호세마리아 신부의 무덤은 오푸스데이 본부 건물인 빌라 테베레 지하에 있는 평화의 모후 성모 마리아 성당에 자리했다.

1975년부터 호세마리아 신부의 전구로 은혜를 받았다는 소식이 전 세계적으로 잇따라 쏟아졌다. 일상적 문제에 도움을 받았다는 소식에서부터 진짜 기적에 관한 것까지 다양했다. 설명할 수 없는 치유, 가정 문제의 해결, 직업과 관련된 은사 등...그 가운데서도 영성적인 은혜가 특별히 많았다. 근본적인 회개, 우리 주님과의 더욱 긴밀한 관계 발전 등이 그러했다. 호세마리아 신부의 마음 깊이 가장 소중한 은총으로 항상 새겨져 왔던 것들이었다. 예를 들면, 토레시우다드 성모성지가 건설 중일 때 호세마리아 신부는 이 성지에 영성적 은총의 비가 내릴 것이라고 장담했다.

"영성적 은총의 비…이는 복되신 어머니를 부르는 사람들을 위해 우리 주님께서 해주고자 하시는 것입니다. 이 성지에 많은 고해소가 만들어지길 바라는 이유가 여기에 있습니다. 거룩한 고해성사 안에서 사람들이 더욱 깨끗해지고, 그들의 영혼이 새로워지며, 그리스도인으로서 자신들의 삶을 확신하여 다시 시작할 수 있을 것입니다. 또한 거룩하게 되는 법을 배우고, 그들의 일을 사랑하며, 예수 그리스도께서 주시는 평화와 기쁨을 그들의 가정에 가져갈 수 있을 것입니다."

전 세계에서 69명의 추기경과 1,300명의 주교, 그리고 41명의 수도회 장상들을 포함해 수많은 사제와 수도자, 평신도 단체 대표, 행정당국자, 그리고 수천 명의 사람이 그의 시복시성 청원을 시작해 달라고 교황에게 요청했다. 그렇게 하는 것이 교회를 위해 참으로 좋은 일이 될 것이라고 그들은 확신했다.

1981년 2월 19일, 당시 로마관구 총대리였던 우고 폴레티 추기경이 시복청원을 알리는 교령을 공포했다. 1986년 11월 8일, 하느님의 종[2] 하느님의 종: 시복시성 안건이 시작된 가톨릭 신자

호세마리아 에스크리바의 삶과 성덕에 관한 조사과정이 마무리되었다. 마드리드대교구가 진행한 조사과정도 1984년 6월 26일에 끝났다. 1990년 4월 9일, 요한 바오로 2세 교황은 하느님의 종2) 호세마리아 에스크리바의 영웅적 덕행을 선포했다. 1991년 7월 6일, 교황이 참석한 가운데 오푸스데이 설립자의 전구를 통해 이뤄진

---

2 하느님의 종: 시복시성 안건이 시작된 가톨릭 신자.

치유의 기적을 인정하는 교령이 낭독되었다. 이로써 시복에 필요한 과정이 종료되었다.

1992년 5월 17일, 엄청난 인파가 성 베드로 광장을 가득 메웠고 비오 12세 광장과 화해의 길(Via della Conciliazione)까지 넘쳐 났다. 성 베드로 대성당엔 '호세마리아 에스크리바'와 '요세피나 바키타 수녀'의 대형 초상화가 걸렸다. 요한 바오로 2세 교황은 이 두 사람의 시복을 선포했다. 그리고 2001년 12월 20일 발표된 교황령이 호세마리아 복자의 전구로 이뤄진 두 번째 치유의 기적을 인정했다. 이로써 시성(諡聖)의 문이 열렸고, 요한 바오로 2세 교황의 주례로 2002년 10월 6일에 시성식이 거행되었다.

기뻐하는 아들

"새로운 복자의 영성적·사도적 삶은 그리스도 안에서 신앙을 통해 하느님의 아들이 될 수 있다는 스스로의 인식에 기반을 둡니다. 이러한 믿음은 주님께 대한 그의 사랑과 복음화를 위한 분투, 그리고 그가 극복해야만 했던 엄청난 시련과 고난에도 불구하고 항상 변치 않았던 그의 기쁨에 자양(滋養)이 되어 주었습니다."

(성 요한 바오로 2세, 1992년 5월 17일 '시복식 강론')

성 요한 바오로 2세 교황과 복자 알바로 델 포르티요 주교. 성 호세마리아 시복식 미사

성 호세마리아 에스크리바

1992년 5월 17일, 호세마리아 에스크리바와 요세피나 바키타의 시복식

부록. 호세마리아 성인의 일대기 (연표)

* 1902년

1월 9일 : 스페인 북부 '바르바스트로'에서 출생.

1월 13일: '바르바스트로' 교구 성당인 '성모 승천 성당'에서 세례 받음.

* 1904년

중병에 걸렸다가 '토레시우다드 성모님'의 전구로 순식간에 회복.

* 1912년

4월 23일 : 첫 영성체.

* 1915년

아버지의 사업 실패로 온 가족이 '로그로뇨'로 이주.

* 1917년

하느님의 부르심을 느낌. 1918년으로 해가 바뀌던 어느 날, 눈 위에 남겨진 가르멜회 수도자의 맨발 자국이 호세마리아 성인의 가슴속에 하느님을 사랑하고자 하는 강렬한 열망을 심어 주었음. 이로 인해 사제가 되기로 결심.

* 1918년

'로그로뇨 신학교'에서 통학생으로 신학 공부 시작.

* 1920년

사라고사 대교구의 '교황청립 대학교'에서 사제가 되기 위한 공부를 마치기 위해 사라고사로 이주.
성 프란치스코 데 파울라 신학교에서 기숙.

* 1923년

'사라고사 대학교'에서 법학 학위를 받기 위해 공부 시작.

* 1925년

3월 28일 : '성 가롤로 신학교 성당'에서 사제수품.
3월 30일 : '기둥의 성모 대성당'에서 부친의 위령미사로 첫 미사 집전.

3월 31일 : 사라고사 외곽지역인 '페르디게라'의 교구 사제를 대리하는 임무가 주어짐.

* 1927년

1월 : 법학 학위 취득.

4월 19일 : 시민법 박사과정 공부를 위해 마드리드로 이주.

* 1928년

10월 2일 : 하느님께서 주신 영감에 따라 마드리드에서 '오푸스데이' 설립. '오푸스데이'는 저마다의 직업과 평범한 일상의 의무를 수행함으로써 모든 그리스도인이 거룩해지는 성화(聖花)의 길을 지향.

* 1930년

2월 14일 : 마드리드에서 미사를 집전하는 동안 하느님께서 '오푸스데이'가 남성뿐만 아니라 여성을 위한 사도직 단체임을 이해하도록 해주심.

* 1933년

학생들을 위한 첫 번째 오푸스데이 센터인 'DYA 아카데미' 개설.

* 1934년

〈길〉의 전작(前作)인 묵상집 〈영적 성찰〉 발표.

* 1936년

스페인 내전이 발발하고 종교에 대한 박해가 자행됨에 따라 박해를 피해 여러 곳에서 피신 생활. 오푸스데이를 스페인이 아닌 다른 나라로 옮기려는 계획은 보류.

* 1937년

스페인 안에서 오푸스데이 사도직 활동을 다시 시작할 수 있는 지역을 찾아 피레네 산맥을 넘어 안도라로 향함.

* 1939년

발렌시아에서 〈길〉의 초판 발행.

* 1941년

3월 19일 : 마드리드의 '레오폴도 에이호 이 가레이 대주교'가 교구 차원에서는 최초로 오푸스데이를 승인.

* 1943년

2월 14일 : 미사를 집전하는 동안 주님께서 오푸스데이의 교회법적 난제를 해결할 실마리를 주심. 그로 인해 오푸스데이의 몇몇 신자들이 사제서품을 받을 길이 열림. 그 결과 '성 십자가 사제회' 탄생.

* 1944년

6월 25일 : 오푸스데이 소속 신자에 대한 첫 번째 사제서품식이 마드리드대교구의 대주교 주례로 거행.

* 1946년

로마로 이주.

* 1947년

2월 24일 : 교황청이 오푸스데이를 처음으로 공식 승인.

* 1948년

6월 29일 : 전 세계에서 오는 오푸스데이 회원들의 양성 교육을 위해 로마에 '로마 성 십자가 대학교' 설립.

* 1950년

6월 16일 : 비오 12세 교황이 오푸스데이를 최종 승인. 교구 사제들의 '성 십자가 사제회' 입회가 가능해짐. 가톨릭 신자가 아닌 그리스도인들과 그리스도교 신자가 아닌 타종교인이나 무신론자도 오푸스데이의 협력자로 받아들일 수 있게 됨.

* 1953년

12월 12일 : 오푸스데이 여성 회원들의 영성적,·신학적,·사도적 양성교육을 위해 '로마 성모 마리아 대학교' 설립.

* 1957년

'교황청 신학원 고문'으로 임명.

* 1960년

10월 21일 : '사라고사 대학교'에서 명예박사학위 수여.

10월 25일 : '나바라 대학교' 설립.

* 1961년

요한 23세 교황에 의해 '교황청 교회법 해석위원회 고문'으로 임명.

* 1962년

10월11일 : '제2차 바티칸 공의회' 시작. 오푸스데이의 모든 영적 자녀들에게 공의회의 초자연적 성과를 위해 기도 요청.

* 1965년

11월 21일 : 바오로 6세 교황이 오푸스데이가 운영하는 직업학교 'ELIS 센터'의 개관을 축복함.

* 1967년

〈호세마리아 몬시뇰과의 대화〉 출간.

* 1969년

오푸스데이 임시총회가 개최되어 '성직자치단'으로
의 전환을 논의하고, 제2차 바티칸 공의회에 의해
예견된 교회법적 독립에 관해 의논. (공의회는 오푸
스데이라는 새로운 사목 현상에 대해 화답)

* 1970년

'과달루페 성모성지'에서 기도하기 위해 멕시코로
여행.

* 1972년

2개월 동안 스페인과 포르투갈을 여행하며 수많은
사람과 만남.

* 1973년

3월: 〈그리스도께서 지나가신다〉 출간. 또 다른 강
론집 〈하느님의 친구들〉, 〈밭고랑〉, 〈사랑의 담금질
〉, 〈십자가의 길〉 등은 선종 후에 출판.

* 1974년

브라질, 아르헨티나, 칠레, 페루, 에콰도르, 베네수
엘라 등 남미 6개 나라를 여행하며 수많은 현지인과

오푸스데이의 영적 자녀들을 위한 대규모 교리 교육 실시.

* 1975년

-베네수엘라와 과테말라로 마지막 사목방문.

5월 25일 : '바르바스트로'와 '토레시우다드 성모 성지' 방문.

6월 26일 : 로마에서 선종. 선종 당시 오푸스데이 회원은 6만 명.

7월 7일 : 성인의 출생지인 바르바스트로 인근 '토레시우다드 성모 성지'의 봉헌식 거행.

9월 15일 : 알바로 델 포르티요가 오푸스데이의 설립자 (호세마리아 성인)의 승계자로 선출.

* 1981년

5월 12일 : 호세마리아 몬시뇰에 대한 시복시성 청원 공포.

* 1982년

11월 28일 : 요한 바오로 2세 교황이 오푸스데이를 '성직자치단'으로 설정함으로써 오푸스데이 설립자 (호세마리아 성인)가 고대했던 법적 요건이 갖춰짐. 알바로 델 포르티요가 오푸스데이의 첫 단장으로 임명.

* 1990년

4월 9일 : 호세마리아 에스크리바를 하느님의 종으로 선포하는 '영웅적 덕행에 대한 교령' 발표.

* 1991년

6월 6일 : 호세마리아 에스크리바의 전구로 인한 치유의 기적을 인정하는 교령 발표.

* 1992년

5월 17일 : 요한 바오로 2세 교황이 로마 성 베드로 광장에서 호세마리아 에스크리바를 복자품에 올림.

* 2001년

12월 20일 : 호세마리아 에스크리바의 전구로 인한 두 번째 치유의 기적을 인정하는 교령 발표.

* 2002년

10월 6일 : '호세마리아 에스크리바 복자'가 성인품에 오름.

호세마리아 에스크리바 성인
오푸스데이의 설립자

기도문

주님, 거룩하신 동정녀 마리아를 통하여 당신의 종 호세마리아 성인에게 무수한 은총을 베푸셨나이다. 그를 오푸스데이의 설립을 위한 가장 믿음직한 도구로 선택하시어 저희들의 일상 의무와 그리스도인으로서의 역할을 완전히 수행함으로써 거룩함에 이르는 길을 가르쳐 주셨나이다. 주여, 구하오니, 저희가 살아가는 매 순간마다 기쁘고 단순한 마음으로 당신을 사랑할 수 있게 하시고 교회와 교황님 그리고 모든 영혼을 위해 봉사함으로써 믿음과 사랑의 빛으로 세상의 모든 길을 비추게 하소서. 호세마리아 성인을 통하여 저희가 구하는 기도를 들어 주소서(여기에 기도지향을 넣으세요). 아멘.
주님의 기도, 성모송, 영광송

www.ko.escrivaworks.org
www.opusdei.or.kr